»Das beste Volk von der Welt«

Auf Preußens Spuren in Minden-Ravensberg

Impressum

Herausgeber: Historisches Museum Bielefeld
Lektorat: Dr. Roland Siekmann, tpk-Verlag
Gestaltung: Björn Pollmeyer, www.coscreen.net
Fotografie: Maren Kiupel, Nils Konvalinka, Cem Kozcuer, Stephan Schute

ISBN 978-3-936359-35-0

Schriften des Historischen Museums Bielefeld, Band 26
ISSN 1615-1208

HISTORISCHES museum BIELEFELD

Gedruckt mit freundlicher Unterstützung von

Der Ministerpräsident
des Landes Nordrhein-Westfalen

STREITBÖRGER SPECKMANN
RECHTSANWÄLTE · NOTARE

Michaela Kipp

»Das beste Volk von der Welt«

Auf Preußens Spuren in Minden-Ravensberg

tpk Regionalverlag

Vorwort

▸ *von Dr. Gerhard Renda*
Historisches Museum Bielefeld

Als 1981 in Berlin das große Ausstellungsereignis »Preußen. Versuch einer Bilanz« stattfand, stellten die Katalogautoren fest: »Die Geschichte der preußischen Provinzen – ihrer Eingliederung in den Gesamtstaat, ihrer Verwaltung und ihrer mehr oder weniger gelungenen Verpreußung – müsste wohl Gegenstand einer ganzen Reihe von Ausstellungen werden, wenn man Verbindendes und Trennendes, lange Gewachsenes und kurzfristig Aufgepfropftes im einzelnen erkennbar machen wollte.« Fast eine Generation später ist diese Anregung nun aufgegriffen worden. Aus der Erbmasse des 1609 verstorbenen letzten Herzogs von Jülich-Kleve erwarb das Kurfürstentum Brandenburg vor 400 Jahren seine ersten Gebiete im Westen. Zum Jubiläum 2009 haben fünf Museen in diesen Gebieten, die heute alle zum Land Nordrhein-Westfalen gehören, mit Ausstellungen den Versuch unternommen, die 1981 als Desiderat empfundene preußische Geschichte ihrer Region aufzuarbeiten. Das Historische Museum Bielefeld widmete sich den Spuren Preußens in Minden-Ravensberg. So lautete seit 1719 die Bezeichnung eines preußischen Territoriums, die zwei benachbarte, aber in ihrer historischen Herkunft ganz unterschiedliche Gebiete per Verwaltungsdekret zusammenspannte: die Grafschaft Ravensberg und das Fürstentum Minden.

Im Vorfeld der Ausstellung wurde die Idee eines Buches geboren, das die Spurensuche über die begrenzten Räume des Museums und den beschränkten Ausstellungszeitraum hinaus ausdehnen sollte. Bei den Recherchen des Museumsteams waren viele Geschichten in der Geschichte zutage gekommen, die sich mit Exponaten der Ausstellung, aber ebenso mit Relikten der preußischen Vergangenheit in Städten, Dörfern und Landschaft der Region verbinden. Diese Relikte tragen ihren Bezug zu Preußen keineswegs vor sich her. Er ist oft erst auf den zweiten Blick zu erkennen und manchmal ohne zusätzliche Information nicht mehr feststellbar. Bewusst lassen die Fotos in diesem Band den Betrachter in diesem Dilemma, sie geben keine Fingerzeige und sie scheuen sich nicht, historische Zeugnisse auch im Verfall, als Überrest oder in der Überformung durch die Moderne zu zeigen. Erst in Kombination mit dem Text werden diese Zeugnisse wieder lebendig und zu Türöffnern in eine versunkene Welt.

In seinem zweiten politischen Testament urteilte Friedrich der Große 1768: *»Die Bewohner von Minden haben Geist und sind das beste Volk von der Welt, arbeitsam, erwerbstätig und treu.«* Tatsächlich zeigten die Bewohner von Minden-Ravensberg in ihrer großen Mehrzahl nicht nur Staatstreue, sondern auch aufrichtige Verehrung für ihre Könige. Aber wie das Lob Friedrichs des Großen natürlich unter dem Gesichtspunkt der Staatsräson zu betrachten ist, so findet sich unter der Reverenz der Landeskinder auch manche Widerborstigkeit. Das alte Preußen vereinigte viele regionale Traditionen und Besonderheiten, Fortschritt und Beharrung, Toleranz und Reaktion. Es war ein »Patchwork-Staat«, der erst als er 1871 im Deutschen Kaiserreich aufging, seine scharfen Konturen zugunsten eines modernen zentralistischen Staatswesens aufgab. Das ist auch der Grund, warum die Epoche des Wilhelminismus, also die Spätphase des Kaiserreiches von 1888 – 1918, die das klischeehafte Preußenbild stark geprägt hat, im Buch bis auf Ausnahmen ausgeklammert bleibt.

Am Anfang unseres Projektes standen die Fotografien. Unter der Leitung von Professor Roman Bezjak fanden sich Studierende des Faches Fotografie am Fachbereich Gestaltung der FH Bielefeld zusammen, die mit großem Einsatz die Spuren Preußens in der Region in den Sucher nahmen und manchmal im wahrsten Sinne des Wortes »Feldforschung« zu leisten hatten. Maren Kiupel, Nils Konvalinka, Cem Kozcuer und Stephan Schute sei dafür herzlich gedankt. Michaela Kipp als Autorin schaffte mit Bravour den schwierigen Spagat zwischen spannenden lokalen Geschichten und größeren historischen Zusammenhängen und ließ beide zu ihrem Recht kommen. Der nächste Schritt war es, den geeigneten Verlag zu finden. Dr. Roland Siekmann vom tpk-Verlag ließ sich für das auf den ersten Blick sperrige Thema schnell begeistern und steckte Björn Pollmeyer an, der dem Buch zu einer einfühlsamen und zugleich zeitgemäßen Gestaltung verhalf. Der abschließende Dank gilt den Geldgebern, ohne die auch das schönste Projekt in der Schublade bleiben muss. Das Land Nordrhein-Westfalen hat mit einem Zuschuss im Rahmen des Ausstellungsbudgets den Anschub gegeben. Dass es nicht im Stadium eines schmalen Büchleins stehen geblieben ist, sondern sich zu einem ansehnlichen Buch auswachsen konnte, hat die Kanzlei Streitbörger & Speckmann in Bielefeld ermöglicht. Seit Jahren schon der Kultur zugetan und in der Region fest verwurzelt, haben die Sozien der Kanzlei sich von den Fotografien beeindrucken und von den Geschichten hinter den Bildern faszinieren lassen. Wenn es den künftigen Leserinnen und Lesern des Buches ebenso ergeht, ist die 1981 beklagte Lücke in diesem Bereich wohl erfolgreich gefüllt.

Inhalt

Einleitung

Nur die positivsten Eigenschaften sprach der preußische König Friedrich II. den Untertanen in seiner westlichen Provinz Minden-Ravensberg zu: Arbeitswille, Emsigkeit und Treue – damit war das Lob *»das beste Volk von der Welt«* aus Herrschersicht perfekt. Mehr wäre seiner Meinung nach kontraproduktiv gewesen; auch darüber ließ der König keinen Zweifel aufkommen, als er 1779 seinem für Kirchen- und Schulangelegenheiten zuständigen Minister von Zedlitz gegenüber äußerte, dass es auf dem platten Lande genug sei, wenn die Bevölkerung ein bisschen Lesen und Schreiben lerne, damit die Bauernsöhne nicht etwa in die Städte liefen und *»Secretärs und so was«* werden wollten. Untertanen mit Flausen im Kopf konnte der – wie immer aufgeklärte – absolutistische Monarch nicht dulden. *»Plattes Land«* war in Minden-Ravensberg zu jener Zeit reichlich vorhanden; daher sind in manchen Gegenden Kartoffeläcker das einzig sichtbare Zeugnis preußischer Intervention, denn bekanntermaßen hatte Friedrich II. seinen Beamten 1756 befohlen, den Anbau der in Europa noch weitgehend unbekannten Feldfrucht durchzusetzen.

Noch der königliche Urgroßvater Friedrich Wilhelm I. hatte sich zuerst wenig begeistert gezeigt, seine Herrschaft nach dem Dreißigjährigen Krieg in der Region auszuweiten. Schon 1609 war die Grafschaft Ravensberg aus dem Erbe des letzten Herzogs von Jülich-Kleve an Brandenburg-Preußen gelangt, 1648 war dann das ehemalige Bistum Minden hinzugekommen. Beide Gebiete wurden 1713 unter gemeinsamer Verwaltung zusammengeschlossen und führten bis zur Reichsgründung 1870/71, umgeben von fremden Territorien, ein Leben als preußischer Außenposten im Westen. Das waren fast dreihundert Jahre unter preußischer Regentschaft, die aus der Ferne gesteuert wurde. Welche Folgen hatte das im Westen für Bevölkerung und Landschaftsbild?

Die hier unternommene Suche nach den materiellen Spuren führt weiter zu der Frage, was sonst noch blieb von Preußen – außer dem Klischee vom »Untertanengeist«, das auch in den Floskeln der Bevölkerung Nahrung findet, denn *»alleruntert-hänigst in Demut ersterbend«* grüßten die Minden-Ravensberger ihren preußischen Landesherrn, selbst wenn sie Forderungen schickten.

Preußen war im Westen voller Widersprüche. Die Herrschaft funktionierte anders als in den preußischen Kerngebieten, denn die Region blieb vor allem ländlich und regional geprägt. Trotzdem war Preußen auch hier mehr als eine Episode. Diese Phase, die vor vierhundert Jahren begann und spätestens nach dem Zweiten Weltkrieg ihr Ende fand, als der alliierte Kontrollrat das Land Preußen endgültig auflöste, hat im ehemaligen Minden-Ravensberg ganz eigene historische Abdrücke hinterlassen.

Auch eine Spur aus preußischer Zeit: Kartoffelacker

Jene wurden allerdings nach und nach mit lokalem Material verfüllt und den Formen ihrer Umgebung angepasst.

Preußische Spuren tauchen im Erscheinungsbild unserer Städte teilweise recht unvermittelt auf; manch ein klassizistisches Gebäude hat den Bombenkrieg und den Bauboom des Wirtschaftswunders überdauert. Kurfürsten- und Kriegerdenkmäler finden sich in fast jeder Gemeinde an einst prominenter Stelle, heute meist in Dornröschenschlaf verfallen. Einmal den Blick für diese Zeugnisse geschärft, stolpern wir quasi über sie, man denke nur an Meilensteine oder Grenzsteine. In gewisser Weise sind sie uns sogar so alltäglich, dass sie oft gar nicht als historische Zeugnisse erkannt werden. Wenn wir ein antikes Grabungsfeld besichtigen, sind wir dagegen auf große Vergangenheit gefasst – die allerdings dann endgültig vorbei ist. Das ist bei diesem Thema nicht so sicher ausgemacht. Mitunter haben wir das Gefühl, dass die preußischen Inschriften an Schulen oder Königsmühlen uns etwas sagen wollen. Dass sie vielleicht irgendwie zu uns gehören, wie der geschnitzte Adler im Fachwerk.

Viele Spuren schweigen nur, weil wir sie nicht mehr unmittelbar entschlüsseln können. Das Mundloch des Katharinenstollens, die Bildersprache der Schlachtendenkmäler oder die Berggräber in Halle sind eingängige Beispiele dafür. Manches klingt in seiner Fremdheit auch erstaunlich und geheimnisvoll: Wer weiß schon, dass in Ostwestfalen Seidenraupenzucht betrieben wurde?

Die geschichtliche Spurensuche ist wie die Arbeit in einem Steinbruch oder in einem archäologischen Grabungsfeld, bei der wir einzelne Schichten abtragen und die Fundstücke neu zusammensetzen müssen. »Geschichte« ist das Aufeinandergeschichtete, das Ganze der verschiedenen Ablagerungen, die Einheit der Differenz. Am besten erzählen lässt sie sich aber nur in einzelnen Geschichten, in »Stories« mit klarem Anfang und Ende, seziert und gleichsam zerstückelt. Doch was wir in der Spurensuche der Paläontologie und Geografie selbstverständlich voraussetzen, ist uns im alltäglichen Umgang mit Geschichte häufig verloren gegangen: ein geschärfter Blick für Kleinigkeiten, die Faszination des Fragmentarischen, die Skepsis gegenüber einer geschlossenen Gesamterzählung.

Wir wissen, dass der versteinerte Ammonit wenig mit dem lebenden, im Wasser rudernden Kopffüßler zu tun hat, dass ein Fußabdruck des Tyrannosaurus kaum etwas über seine Zähne aussagt. Das große Ganze ist komplizierter, häufig widersprüchlich und paradox, wenigstens ambivalent. Doch es lohnt sich, gerade das Konkrete eingehender zu betrachten und in seiner Materialität zu würdigen. Unerlässlich ist dabei eine eingehende Besichtigung der Umgebung; der Fundort verrät manchmal mehr, als das Fundstück selbst. Deswegen ist es so wichtig, aus den Bibliotheken,

Archiven, aber auch den Museen, herauszugehen und sich am Ort umzusehen, die Dinge an ihrem Platz wahrzunehmen und auf sich wirken zu lassen. Mit allen verfügbaren Sinnen etwas von ihrer historischen und topografischen Einbettung zu verstehen, das mit Worten allein zwar leidlich zu beschreiben, aber nicht anschaulich zu vermitteln ist.

Anders als die meisten Ausstellungsobjekte im Museum erfordern die Spuren in der Landschaft oft ein gewisses Maß an rekonstruktiver Phantasie. Ihre einstige Gestalt ist nicht immer auf den ersten Blick zu erkennen, denn die Geschichte, von der sie zeugen, ging nach der preußischen Zeit weiter. Sie wurden umgenutzt, weiterverwendet, restauriert, umgebaut oder in spätere Formationen integriert. Sonst wären sie heute tatsächlich nicht mehr am Ort zu sehen, sondern zerstört oder auf Dachböden und in Museen gelagert. Sie haben sich nicht nur verändert, sondern ihre Geschichte ist auf andere Weise fortgeschrieben worden.

Zudem verfügen viele Gebäude, Firmen und Familien über eine Vorgeschichte, die ebenfalls nicht unterschlagen werden soll. Bei den Landesburgen und Domänen, die preußisch weitergeführt wurden, gehen die Anfänge vielfach bis weit ins Mittelalter zurück. Gemessen an der gesamten Existenzspanne mancher historischen Zeugnisse war die preußische Phase unter Umständen nur recht kurz. Bei einzelnen Objekten, beispielsweise den Schul- oder Kirchenbauten, war es sogar nur eine einzige Intervention, die von preußischer Seite kam, aber zentral war: die Finanzierung. Während in den Kirchen oder Militärgebäuden oft auch noch der architektonische Geschmack Preußens wiederzufinden ist, blieb die Bauweise der Landschulen bodenständig und in Fachwerk ausgeführt. Am deutlichsten tragen die Militärbauten in Minden oder auch die Kaserne in Bielefeld, die Amtsgerichtsgebäude in Vlotho und Halle, das Mindener Gefängnis und die alten Badehäuser und Wandelhallen im Bad Oeynhausener Kurpark ein preußisches Gepräge. Aber natürlich wurde auch vorher schon Recht gesprochen, Militär stationiert oder Heilwasser genutzt. Die örtlichen Übereinstimmungen zwischen Gerichtslinde, Thingplatz, Bauernbad und den königlich preußisch begründeten Institutionen sprechen in diesem Zusammenhang Bände.

Anderen Örtlichkeiten ist nur ein preußisches Siegel aufgedrückt worden, wie etwa den Königsmühlen, dem Kokturkanal in Bad Oeynhausen oder auch dem Grestschen Hof in Bielefeld. Hier ist die alte Bausubstanz noch vorhanden und trägt das eingravierte Königsmonogramm oder auch die Gedenktafel eines preußischen leitenden Beamten, der ihre Installation noch selbst verfügt hatte. Noch dünner ist der materielle Bezug zum heutigen Lutherstift in Bielefeld oder zur Schalksburg-Einkaufspassage in Porta Westfalica, wo nur ein einzelner gravierter Sandstein aus jener Zeit zurückgeblieben ist. Beim Maulbeerkamp in Stemmer oder beim Holzhauser Jungfernholz zeugen allein die Flurnamen noch von der preußischen Vergangenheit, mehr nicht. So liegt der Bezug der ausgewählten Routenpunkte zu Preußen nicht immer auf der Hand, ist nicht immer stark und vordergründig. Manchmal muss um die Ecke gedacht werden, außerdem sind Rückblenden und eingeschobene Erklärungen notwendig. Die eigentlich preußische Geschichte steht gleichsam in Klammern.

Gerade deswegen aber sind die Routenpunkte mit ihren kleinen Geschichten um so aufschlussreicher für das Verhältnis der Region zu Preußen, für das Verwobensein verschiedener Geschichtsepochen, von Zentrum und Provinz, von Modernisierung und Beharrung. Solche Beziehungen spiegeln sich zwar in den vorliegenden Zeugnissen als materieller Niederschlag, lassen sich aber nicht ohne die beteiligten Personen denken. Aus diesem Grund finden sich in den Texten immer wieder auch biografische Abschnitte, tauchen vereinzelt lokale Dynastien auf, wie etwa die von dem Bussches in Bielefeld oder die in Vlotho aktive Müllerfamilie Schmidt. Personale Überschneidungen, was die Spitzen von Verwaltung, Kirche, Kunst und Architektur angeht, überwanden die Distanz vom Hofe zum tiefen Westen Preußens.

So schuf der Berliner Professor Wefing seine Denkmäler für Herford, Enger und Jöllenbeck im Atelier seiner Geburtsstadt Herford, während die Justizkarriere des in Bielefeld geborenen Staatsministers von Meinders mit einer Anstellung beim benachbarten Fürsten von Waldeck begonnen hatte. Auch ganze Personenkreise waren in den kreativen Austausch zwischen Zentrum und Peripherie eingebunden. Der Kontakt zu der Expertenrunde, die für die Planung des Staatsbades Oeynhausen von Friedrich Wilhelm IV. herangezogen wurde, war über den Freiherrn von Oeynhausen sichergestellt worden, der als Geheimer Oberbergrat seit Ende 1845 ebenfalls in Berlin weilte. Und es ging auch andersherum: Die verwitwete Markgräfin Johanna Charlotte von Brandenburg-Schwedt brachte mit ihrer Ernennung zur Äbtissin 1729 das höfische Leben nach Herford.

Vom Großen Kurfürsten über den »Soldatenkönig« bis zum »Alten Fritz«, von Königin Luise bis zu den verschiedenen Prinzen, alle finden unsystematisch Erwähnung, denn genauso war ihr Erscheinen in der Provinz: unsystematisch, aber vorhanden, abhängig von den konkreten Gegebenheiten. Kaiser Wilhelm II. hatte allein Bielefeld viermal besucht; in Minden allerdings hatte er sich unbeliebt gemacht, weil er es vorzog, am 18. Juni 1901 einen Zweitguss des Kurfürstendenkmals in Köln einzuweihen, statt in Minden bei den Feierlichkeiten für das Original zugegen zu

Preußischer Adler auf dem Gefallenendenkmal in Versmold

sein. Dass er stellvertretend seinen Sohn, den Kronprinzen, schickte, konnte die Mindener kaum versöhnen. In Jöllenbeck sagte selbst jener bei der Grafschaftsfeier ab, obwohl die patriotisch gesonnenen »Kaiserreiter« so eifrig geprobt hatten, dass der Reiterverein Jöllenbeck daraus hervorgehen sollte. Andererseits kamen mit Friedrich Wilhelm IV., Wilhelm I. und Wilhelm II. mehrere preußische Könige regelmäßig ins Staatsbad Oeynhausen zur Kur, und auch bei den Truppenparaden in Minden und Bielefeld waren die preußischen Könige mehrfach anwesend.

Auch die Involvierung des kurbrandenburgischen Herrscherhauses in die Geschichte der reformierten Gemeinde in Minden war konstant. An der Petrikirche pflanzte Kurfürst Friedrich Wilhelm eigens eine Königslinde, während sein Nachfahre Friedrich Wilhelm IV. Gleiches auf dem Wittekindsberg tat. Selbst das viel beachtete Eisenbahnunglück des Kronprinzen Friedrich Wilhelm in Isselhorst am 21. Januar 1851 kann als eine Art Direktkontakt gesehen werden. Neben Misslichkeiten kam es immer wieder zu Missverständnissen: Als der preußische König, nachdem er im Jahr 1842 die Linde auf dem Wittekindsberg gesetzt hatte, zum Gottesdienst in der Kapelle namens »Margarethen-Klus« erwartet wurde, ging seine Berliner Entourage davon aus, dass es zum Frühstück in einen »Margarethen-Club« gehe. Unmissverständlich für beide Seiten war dagegen die Einnahme Herfords im Jahr 1652 mit Militärgewalt.

Ein ebenso durchwachsenes Verhalten gegenüber dem noch nicht besonders ausgeprägten Staatsapparat legten die Minden-Ravensberger Untertanen an den Tag: Den Gipfel bildeten die Bauernunruhen in den Ämtern Petershagen und Rahden im Jahr 1721/22, die sich gegen die preußischen Beamten richteten, während Falschhaspeln oder Steuerhinterziehung weithin an der Tagesordnung waren. Dass die Lübbecker Pfarrer die verordneten Fürbitten für den Bergbau unterließen, erscheint demgegenüber marginal. Auf der anderen Seite floss 1909 in Jöllenbeck, Borgholzhausen und Bielefeld viel Geld und Engagement der wohlhabenden Bürger in die Huldigungsfeiern zur dreihundertjährigen Zugehörigkeit zu Preußen. Die zahlreichen Kurfürstendenkmäler sind ebenfalls durch patriotische Sammlungen finanziert worden, und der preußische Staat konnte sich auf treue Beamte aus den Reihen der Bevölkerung verlassen, die seine Interessen in der Provinz wahrten.

Preußische Untertanen ihrerseits hatten die Möglichkeit, vor dem Oberappellationsgericht in Berlin angestammte Rechte einzuklagen, wie gegen den Gutsbesitzer von der Reck mit seiner ausufernden Taubenzucht geschehen. Sie nahmen staatliche Hilfen, Schutzbriefe oder Privilegien gerne in Anspruch. Außerdem brachten Großprojekte wie der Eisenbahn- und Wegebau oder die Ravensberger Spinnerei zahlreiche Arbeitsplätze in schwierigen Zeiten. Aber weil der Staat an seinen Untertanen auch verdienen wollte, gängelten wirtschaftliche Vorschriften, etwa der Mahlzwang, die einfache Bevölkerung. Einquartierte Soldaten und durchziehende Truppen hatten eine verheerende Wirkung, obwohl die Garnison für manche auch Vorteile mit sich brachte. Neben Begeisterung für Preußen findet sich in der Bevölkerung auch Ablehnung, vor allem aber Gleichmut. Vieles lief weiter wie seit Urzeiten, Berlin war im Alltag weit entfernt. Und der Staat hatte gute eigene Gründe, auf vorhandene Strukturen zurückzugreifen.

Das Verhältnis zwischen dem Staat Preußen und seinen ostwestfälischen Untertanen war ambivalent und sicher keine reine Erfolgsgeschichte, doch Ähnliches lässt sich für die meisten Herrschaftsverhältnisse konstatieren. Der Zugewinn unserer minden-ravensbergischen Spurensuche liegt auf der Ebene des Konkreten und seiner Wechselwirkungen mit dem Allgemeinen: Erst mit den durchschrittenen Routenpunkten bekommt das Abstrakte ein Gesicht und wird verortet.

Deswegen erfüllt die Beschäftigung mit den preußischen Spuren die eigentliche Kernaufgabe von Geschichtsmuseen: Kulturschätze im Kontext ihres Entstehens zu zeigen, und auf die Einbettung in ein Umfeld zu verweisen, das für die konkrete Ausprägung allgemein zu verzeichnender Entwicklungen entscheidend war. Im Vorbeigehen wird so aber auch die immer häufiger ausgerufene Suche nach dem Bleibenden an einer Stelle bedient, wo es kaum erwartet wird: im Alltag und dezentral, unterwegs in der schönen, rauen Kulturlandschaft Ostwestfalens. Möglicherweise ist gerade wegen dieses wachsenden Bedürfnisses nach überdauernden Werten nun möglich, was lange ausstand, die Spurensuche nach dem Ungefähren, dem Brüchigen und Unspektakulären unserer Vergangenheit. Die Schrecken kennen wir – was gut ist – hinlänglich.

Oder wie eine Freundin zur Charakterisierung ihrer Reiseeindrücke in Japan sagte: »Das sind die Preußen Asiens.« Warum sollten wir im Minden-Ravensberger Land nicht gelegentlich späte »Preußen im Westen« sein? Unsere Vorfahren waren es eine Zeit lang, mehr oder weniger. Machen Sie sich auf ihre eigene preußische Spurensuche!

Adeliche Güter sind in diesem Amte nicht vor
Das Koenigliche Saltzwerck liegt in diesem Amte
und zwar im Kirchspiel Rehme
Hoch Stifts und
des
Hochst: Münster
6
5
4
3
2
1
Borgholzhausen
Hausbrück
Wichlingshausen
Berghausen
Amt H Ravensberg
Kleikamp
Oldendorf
Bauerschaft Barenhausen
Hesselteich
Hulstenbek
Holtfelde
Kloster Stockkämpen
Steinhaus
Halle
Werther
Horsten
Haller
Heide
Kotsebrick
Pothorst
Steinhagen
Brockhagen
Dehnhaus B.
Koenigsb
Isingdorf

Route 1

Halle und Borgholzhausen

Der Katharinenstollen im Teutoburger Wald bei Halle

▸ *Ort: Der Katharinenstollen liegt rund 2 Kilometer nördlich von Halle an der Theenhausener Straße kurz hinter der Abzweigung der Nordstraße; auch die benachbarte Gebäude-Ruine gehörte einst zum Bergwerk.*
▸ *GPS: 52° 4' 34" Nord 8° 22' 6" Ost*

Der Katharinenstollen bei Halle gehört zu den verzauberten Orten dieser Route. Neben einer Gebäuderuine gelegen, mutet sein zwar unzugänglicher, aber gut sichtbarer Eingang – das sogenannte »Mundloch« – rätselhaft an. Wie weit der alte Stollen hinter dem schweren Eisengitter noch in den Berg hineinführen mag, bleibt der Phantasie des Betrachters überlassen. Benannt wurde er nach der heiligen Katharina als Schutzheilige der Bergleute. Die ehemalige Steinkohlenzeche »Friedrich-Wilhelms-Glück« ganz in der Nähe war einem anderen Patron verpflichtet. Ihr Name verweist auf das profane Engagement der preußischen Herrscher im Bergbau.

Um die Wirtschaftlichkeit der Industriebetriebe in Preußen zu steigern, trieb der Staat die Kohleförderung voran. Der neue Brennstoff war nämlich außerordentlich sparsam im Verbrauch. Allein die Bielefelder Bleichen hatten im Jahr 1752 für 2.000 Taler Brennholz benötigt. Preußische Beamte versuchten deswegen immer wieder, die Gewerbetreibenden in der Region zur günstigeren Steinkohlefeuerung anzutreiben. Besonders der Chemiker und Bergkommissar Westrumb setzte sich in den Jahren um 1800 für den Gebrauch von Steinkohlen ein – vor allem auf den Bleichen, aber auch in den Salz- und Kalkwerken und in den Branntweinbrennereien und Ziegeleien. Als auch noch die Haupt- und Torwachen in den Garnisonsstädten ihre Öfen mit Kohle feuern sollten, beschwerten sich die Soldaten bei Friedrich dem Großen höchstpersönlich; der Landphysicus Muhlins wies auf die übelriechenden und schädlichen Schwefeldämpfe hin. Am 2. Oktober 1748 lenkte der König in diesem Fall ein: *»Es soll damit auf dem bisherigen Fuß bleiben!«*

Der Bergbau kann im Ravensbergischen auf eine über vierhundertjährige Tradition zurückblicken. Diese Tatsache ist heute wenig bekannt, und auch schon im 18. Jahrhundert besaß der Bergbau im Bewusstsein der ostwestfälischen Zeitgenossen keinen besonderen Stellenwert. So hatten etwa die Lübbecker Prediger ihre Pflichtfürbitten für die Zechen der Region ab Herbst 1752 auf eigenen Antrieb eingestellt. Daraufhin erging eine Anordnung des preußischen Landesherren an die Prediger Minden-Ravensbergs, sie hätten weiterhin für den Segen des Bergbaus, der Bergwerke und der Bergknappen zu bitten; was dann auch geschah. Zu ihrer Entschuldigung führten die Lübbecker Pfarrer allerdings an, sie wären davon ausgegangen, dass der Bergbau aufgehört habe, denn Bergknappen seien im Gottesdienst lange nicht mehr gesehen worden.

Der erste Punkt war schlicht falsch. Denn bei Halle etwa, im Quertal des Teutoburger Waldes nahe der »Großen Egge«, war zur gleichen Zeit das Bergwerk nahe Schneikers Hof mit *»1 Steiger, 8 Bergleuten und*

Geheimnisvoller Eingang: versperrtes Mundloch des Katharinenstollens

1 Grubenjunge« belegt und hatte im Jahr 1753 über 3.000 Kubikfuß Steinkohlen gefördert. Deren Qualität lobte Bergrichter Finke mit den bemerkenswerten Worten, dass sie *»nicht nur eine gute Hitze, sondern einen schönen Geruch von sich geben.«*

Erst mit Ende des 18. Jahrhunderts sollte sich hier die Situation ändern: Nun mahnte der Haller Bürgermeister und Akziseinspektor Willmanns die Inbetriebnahme der mittlerweile ungenutzten Gruben an, weil allerorten Holz als Brennmaterial gestohlen und der Wald verwüstet werde. Die Eigner der Anteilscheine am Fördererertrag verwiesen ihrerseits auf Probleme mit der Behörde. Bielefelds Stadtdirektor Consbruch schaltete sich mit dem Hinweis ein, dass die Erträge gegenüber den Kosten zu gering seien und deswegen der Bergbau zu Recht vom westfälischen Oberbergamt gestoppt worden sei. Auch lehnte Colon Schneiker die Wiedernutzung der Minen ab, weil er durch die Senkung des Grundwasserspiegels ein Trockenfallen seiner Weiden befürchtete. Daraufhin befahl die Kriegs- und Domänenkammer dem Haller Landrat, dem Colon Schneiker *»ernstlich anzubefehlen, dass er sich dem Versuchs-Bau der Berg-Officianten bey Gefängniß Strafe nicht widersetzen soll, da das Gewerk nach bekannten Gesetzen dazu berechtigt ist«.* So stand hier das weitreichend privilegierte Bergrecht gegen die althergebrachten Belange der Landwirtschaft.

Eine Generation später, im Jahr 1840, gründeten die Besitzer der Grubenfelder bei Schneiker und Düfelsiek die »Vereinigte Arminius«, erst danach kam der Katharinenstollen hinzu, dessen Mundloch heute noch sichtbar ist. Während des Bergbaubooms im 19. Jahrhundert wurden in und um Halle nicht weniger als 23 Probebohrungen nach Kohle und 24 nach Eisenerz durchgeführt. 1885 wurden schließlich alle Gruben geschlossen, da die Köln-Mindener Eisenbahn seit 1860 begonnen hatte, den Bedarf an Brennstoff mit Lieferungen aus dem Ruhrgebiet zu decken; durch den kostengünstigen »Ein-Pfennig-Tarif« war nun auch Ruhrkohle entsprechend preiswert geworden.

Die erneute Inbetriebnahme des Katharinenstollens im Jahr 1923 blieb eine kurze Episode: Nachdem französische Truppen das Ruhrgebiet besetzt hatten, sollte damit der Kohlekrise begegnet werden. Zu dieser Zeit wurde der eingestürzte Stollen wiederhergestellt und das Mundloch erhielt sein heutiges Gesicht. Doch eigentlich ist er preußisch.

‣ *Lesetipp: Uwe Heckert, Halle in Westfalen, Kap. 9, Bielefeld 2005.*

Der Bergpark und die Waldgräber oberhalb von Halle

▸ Lage: *Den am Rand des Teutoburger Waldes gelegenen Bergpark erreicht man vom Haller Ortskern aus über die Apothekerstraße, die bald geradlinig in den Bergkamp übergeht. Die Waldgräber finden sich an mehreren Stellen am Waldrand unterhalb von Knüll, Storkenberg und Lotteberg.*
▸ GPS: *52° 4‘ 5“ Nord 8° 22‘ 1“ Ost*

Der Bergpark bei Halle mit seinen Pavillons, Denkmälern und Waldgrabstellen zeugt von Kultur und Natur zugleich. Im Jahr 1801 schreibt der aufgeklärte Jöllenbecker Pastor Johann Moritz Schwager im »Westfälischen Anzeiger«: *»Nördlich von Halle hat der Kaufmann, Herr Clamor Friedrich Hagedorn, einen Berg auszuputzen angefangen, der es jetzt schon sehr verdient, gesehen zu werden, und künftig, wenn alles vollendet sein wird, Fremde genug anziehen wird.«* Zu der ungewöhnlichen Anlage am Waldrand zählte neben befestigten Wegen, einem *»aufgeräumten«* Fichtenhain und einer künstlichen Felsgrotte noch eine Buchen-Allee, die aus Richtung des Ortskerns auf den Park zulief.

Außerdem wurde eine große Treppe am Berghang angelegt, die zu einem Aussichtspavillon hinaufführte, der seiner Form wegen heute »Kaffeemühle« genannt wird. Für den Besucher entpuppt sich seine Wetterfahne bei näherem Hinsehen als preußischer Adler. Das ist insofern bemerkenswert, als diese *»Lustparthie«* kein staatlich gefördertes Projekt war, sondern eine Privatinitiative wohlhabender Haller Bürger. Diesen war es offenbar wichtig gewesen, einen sichtbaren Bezug zu Preußen herzustellen: im Pavillon wurde ebenfalls eine Büste Friedrichs des Großen aufgestellt. Sie ist heute nicht mehr vorhanden; nur noch eine leere Wandnische zeigt ihren vorgesehenen Standort an.

Eingehegte Waldgräber am Lotteberg

Hagedorn-Denkmal unterhalb des »Kaffeemühle« genannten Aussichtspavillons

Preußenadler als Wetterhahn

Bei den Mäzenen handelte es sich um die bedeutende Haller Kaufmannsfamilie Hagedorn, die in Bremen ein Kontor für Kaffee und Tabak unterhielt und außerdem im Haller Steinkohlebergbau engagiert war. Wie Pastor Schwager berichtet, war die Anlage des Parks als *»edle, zweckmäßige Wohlthätigkeit«* gedacht, um die in Halle aufkommende Armut zu mildern. Denn mit Beginn der Koalitionskriege zwischen Preußen / Österreich und Frankreich war es überall zu großen Preissteigerungen gekommen.

Die erste Bauphase im Wald erstreckte sich von 1791 bis 1795 und gab so vier Jahre lang einem Teil der Einwohner Beschäftigung. Hermann Hagedorn, der ein stattliches Areal für den Park angekauft hatte, war Bürgermeister und Leiter der Finanzbehörde in Halle und einer der einflussreichsten Männer der Stadt. An ihn erinnert das Denkmal unterhalb des Pavillons, das aus einer gedrungenen Steinsäule mit Gedenktafeln besteht und zu Hagedorns 68. Geburtstag aufgestellt wurde. Er war auch einer der ersten, die im Waldpark ihre letzte Ruhestätte suchten und fanden.

Die malerischen Waldbegräbnisse am Bergkamp sind in ihrer Art einzigartig in Westfalen. Wohlhabende Familien erhielten hier erstmals das Recht, sich wie Adelige in Privatgrabstätten außerhalb von Friedhöfen beerdigen zu lassen. Dem lag ein Erlass Friedrichs II. von 1771 zugrunde, dass Bürgerliche mit Hausbesitz den Status eines kleinen Grundbesitzers erhalten sollten. Außerdem herrschte Gräbernot in Halle, denn der Kirchhof rund um St. Johannis war überfüllt. Nach zeitgenössischen Berichten waren die Friedhöfe im gesamten Ravensberger Land so belegt, dass Knochen immer wieder an die Erdoberfläche gelangten und schließlich im sogenannten »Beinhaus« gelagert wurden. Der Totengräber musste vor jeder Beerdigung mit seinem »Totenstecher« stochern und prüfen, ob er auf einen Sarg in der Erde stoßen würde.

Bereits 1774 hatte Pastor Schwager aus hygienischen Gründen gefordert, die Friedhöfe vom Inneren der Städte und Dörfer an die Siedlungsränder zu verlegen. Die Regierung des französischen Königreichs Westfalen versuchte schließlich, den unhaltbaren Zuständen per Dekret ein Ende zu bereiten. Der Unterpräfekt des Distrikts Bielefeld, Delius, wies 1808 seine »Kanton-Maires« an, die Plätze für die Begräbnisse außerhalb der Ortschaften zu verlegen.

Aber der Magistrat von Halle, mit Friedrich Hagedorn – einem Sohn des Parkbegründers – und Anton und Wilhelm Kisker an der Spitze, lehnten das Ersuchen für die *»an Geld arme Stadt«* ab: Infolge der Markenteilung sei kostenlos kein Platz für einen Kirchhof mehr zu beschaffen, anderes könne man sich schlicht nicht leisten. Doch auf dem Bergkamp hatten begüterte Familien nun die Möglichkeit, selbst Grabstätten anzulegen. In Halle betraf dies 118 Haushalte, die allerdings nicht alle davon Gebrauch machten. Die erste offizielle Vermessung von 1824 wies zehn Begräbnisparzellen aus.

Bis heute sind insgesamt 34 Grabmale am Hang erhalten. Die Erbgruften der alten Kaufmannsfamilien Brinkmann, Kisker und Potthoff werden immer noch benutzt. Ihre Kreuze, Pyramiden und Grabplatten mit klassizistischen Stilelementen sind fast alle aus Teutoburger Sandstein gehauen und teilweise stark verwittert. Doch sie atmen stets noch den Geist einer Zeit, die reiche Bürgersleut erstmalig dem Adel gleichstellte und zur staatstragenden Schicht erhob. In Halle dankten sie es dem König mit einer eigenen Büste am Bergkamp.

Das ehemals königliche Amtsgericht in Halle

- *Lage: Der rote Ziegelsteinbau steht im Ortskern von Halle an der Ecke von Bahnhofstraße und Langer Straße.*
- *GPS: 52° 3‘ 40“ Nord 8° 21‘ 42“ Ost*

Das altehrwürdige Haller Amtsgericht wurde in den Jahren 1846 bis 1848 errichtet. Das dreistöckige Bauwerk mit seinen hohen, hellen Räumen diente als gemeinschaftliches Gerichts- und Kommunalgebäude und beherbergte außerdem die Kreisgefangenenanstalt. Eine drei Meter hohe Bruchsteinmauer vom Gefängnishof ist erhalten geblieben. Dieser kombinierten Nutzung wegen konnten die Baukosten aufgeteilt werden: Der Justizfiskus übernahm mit gut 15.000 Talern den Löwenanteil, der Polizeifonds der Regierung Minden war mit über 3.200 Talern und der Stadtmagistrat Halle mit 1.800 Talern beteiligt.

Von nun an verfügte die Justiz in Halle erstmals über ein eigenes Gebäude, während die Richter vorher in ihren Wohnungen oder einfachen Mieträumen Recht gesprochen hatten. Die Situation war nach einer Schilderung des zeitgenössischen Haller Assessors Tiemann alarmierend gewesen: *»Lose Fensterflügel drohten in die Kanzlei zu stürzen. [...] Der Schornstein war feuergefährlich. [...] Aus dem Gefängnis im ersten Stock entwichen zwei Häftlinge. Sie hatten*

Auf königliche Weisung verschönert: Gebäude des Amtsgerichts in Halle

durch die Trennwand ein Loch gebrochen. [...] In diesem 3 mal 7 Meter großen Raum drängten sich die Leute höheren und niedrigeren Standes ohne einen Platz zum Sitzen zu haben.« Heute noch befindet sich in dem damals neu errichteten Gebäude der Sitz des Amtsgerichts Halle, das für Borgholzhausen, Halle, Steinhagen, Versmold und Werther im Kreis Gütersloh zuständig ist.

Auffallend sind die Aufsätze an der Giebelfront des klassizistischen Ziegelbaus. Manche Einwohner Halles erzählen bis heute, dass einst der König an dem schlichten, im Bau befindlichen Amtsgericht vorbeigefahren sei und kurzerhand Anweisungen zu seiner Verschönerung gegeben habe; infolgedessen seien die »Türmchen« aufgesetzt worden. Tatsächlich fuhr König Friedrich Wilhelm IV. am 29. September 1847 auf einer Reise aus Richtung Münster nach Werther mit seiner Kutsche am Rohbau in Halle vorbei; Zeit auszusteigen hatte er allerdings wohl keine.

Aber er ließ wenig später per Zug – die »Cöln-Mindener Eisenbahn« war just im selben Jahr eröffnet worden – ein Gemälde von sich von Berlin nach Brackwede schicken, wo der fachkundige Tischlermeister Gehre den unversehrten Empfang in zwei versiegelten Kisten bestätigte. Die Oberbaudeputation hatte für das Abbild des Regenten und den Versand 150 Taler zur Verfügung gestellt. Dieses Gemälde Friedrich Wilhelms IV. hängt noch heute im Arbeitszimmer des Haller Gerichtsdirektors. Als preußisches Staatsoberhaupt stellte der König zugleich auch den obersten Bauherrn des Gerichtsgebäudes dar; und es war sogar ein Haller Bürger gewesen, der im entscheidenden Jahr 1848 – wenn auch nur kurz – als königlicher Justizminister in Preußen gedient hatte. Durch allerhöchsten Erlass vom 24. September zum Minister bestimmt, bat Gustav Wilhelm Kisker allerdings schon am 12. November wieder um seine Entlassung.

Insgesamt war das Jahr der Einweihung des Neubaus ein äußerst bewegtes Jahr für die preußische Justiz. Im Rahmen der Justizreform des Revolutionsjahres 1848 wurde nämlich der größte Teil der privilegierten Gerichtsstände aufgehoben. Die adeligen Herrschafts- und Patrimonialgerichte wurden abgeschafft, bei den Kreis- und Stadtgerichten stattdessen Schwurgerichte eingerichtet. Die Staatsanwaltschaften entstanden als staatliche Klageinstanzen; sie wurden von den Richtern getrennt. Zahlreiche weitere Reformanliegen konnten zwar erst in den Folgejahren verwirklicht werden, aber in weiten Teilen entsprach die Organisation der Justiz seitdem der heutigen Praxis.

Nur der Bauplatz der neuen Behörde hatte mit einer älteren Tradition der Haller Rechtsprechung zu tun, denn hier hatte ungefähr 400 Jahre lang die Gerichtslinde gestanden; vor dem Amtsgericht erstreckt sich deswegen bis heute der »Lindenplatz«. Als 1732 das Haller Gogericht aufgelöst und das staatlich-preußische Justizwesen eingeführt worden war, hatte die Obrigkeit die Linde fällen lassen, was für nachhaltige Empörung unter der Bevölkerung sorgte. Das Amtsgericht in Halle steht für Wohl und Wehe, die durch den preußischen Reformwillen und die Verstaatlichung der Justiz in der Provinz aufgekommen waren.

Die katholische Kirche von Stockkämpen

Lage: Die kleine Kirche von Stockkämpen liegt versteckt in einem Waldstück rund 3,5 Kilometer westlich von Halle nahe der Siedlung Hörste im Bereich von Hörster Straße und Hesselner Straße.
GPS: 52° 3‘ 20“ Nord 8° 18‘ 31“ Ost

Das katholische Gotteshaus von Stockkämpen

Die Fassade der katholischen Kirche von Stockkämpen inmitten des Tatenhauser Forsts bei Halle ist für den Barockstil ungewöhnlich schlicht. Erst ihre Innenansicht entfaltet die volle barocke Formensprache, wie man es von katholischen Kirchen des 17. Jahrhunderts gewohnt ist. Bemerkenswert ist die Kirche allerdings aus einem anderen Grund: Ihre Entstehungsgeschichte hängt mit der Religionspolitik der preußischen Machthaber zusammen, die in damals ungewöhnlicher Weise religiöse Toleranz walten ließen.

Im Verlauf des 16. Jahrhunderts hatte sich in der Grafschaft Ravensberg die Reformation durchgesetzt; die Zahl der Katholiken war zunehmend kleiner geworden, die vormals katholischen Gotteshäuser wurden nun von Protestanten genutzt. Die Zahl katholischer Konfessionsangehöriger bewegte sich nur noch zwischen vierhundert und sechshundert Personen. Lediglich einige adlige Familien waren samt ihrer Leibeigenen beim alten Glauben geblieben – im Wesentlichen die Bewohner der vier Güter und Schlösser Tatenhausen, Holtfeld, Brincke und Halstenbeck. 1672 erteilte ihnen der Kurfürst von Brandenburg die Erlaubnis, an geeigneter Stelle auf eigene Kosten eine Kirche oder Kapelle zu errichten. Die Katholiken durften dafür sogar eine Kollekte in den evangelischen Kirchen der Grafschaft abhalten. Außerdem riefen die Familien Korff-Schmiesing auf

Schloss Tatenhausen und Wendt auf Schloss Holtfeld eine Stiftung ins Leben, die auf der Mitte zwischen ihren Schlössern das neue katholische Gotteshaus finanzieren sollte.

Am 15. Juni 1689 kauften sie für 560 Reichstaler das Grundstück auf dem Stockkampe. Doch die protestantischen Bauern der Gegend sabotierten den anschließenden Kirchbau, indem sie wiederholt die für das Legen der Fundamente ausgehobene Erde nächtens wieder in die Grube warfen; sie wollten nicht noch einem Pfarrherrn zu Diensten verpflichtet sein. Erst nach fünfjähriger Bauzeit, am 30. September 1696, konnte der Weihbischof von Osnabrück, Freiherr von Gronsveld zu Bronckhorst, die neue Kirche weihen. Patron wurde der Evangelist Johannes, dessen Namen auch die alte Pfarrkirche in Halle trug. Verwaltung und Seelsorge wurde von den Franziskanern aus Bielefeld übernommen, die den Außenposten mit zwei, später drei Patres besetzten. Neben der Kirche entstanden im Laufe der Zeit mit Schulhaus und Pfarrhaus noch zwei weitere Gebäude. Ein Mausoleum auf dem zugehörigen Friedhof, das heute als Kapelle genutzt wird, machte das Ensemble im 19. Jahrhundert vollständig.

Doch das katholische Gemeindeleben ließ sich zunächst nur schwer etablieren. So sind Kompetenzstreitigkeiten mit den evangelischen Pfarrern der umliegenden Orte überliefert, etwa was die Einnahme von Gebühren für die nötigen kirchlichen Amtshandlungen betraf. Ein Dokument vom 15. Oktober 1715 über die öffentlich erteilte Firmung durch den Osnabrücker Weihbischof berichtet zwar, dass *»in Campo s. Johannis loco in hoc comitatu sito (i.e. Stockkämpen) omnes actus ecclesiastici Ordinario sunt liberi«*, dort also volle Religionsfreiheit herrsche; trotzdem sind Klagen über Störungen der Fronleichnamsprozession von 1721 überliefert. Die Stockkämpener Franziskaner mussten offenbar für die Durchsetzung dieser Rechte erst vor Gericht ziehen. Am 19. Mai 1723 sprach die Mindener Regierung ein Urteil aus, das ihnen erneut volle Freiheit ihrer Religionsausübung zusicherte.

Nach der Aufhebung des Bielefelder Klosters im Jahr 1829 blieb noch ein letzter Franziskaner in Stockkämpen. Aus der aktiven Ordenszeit hat sich die durch den Wald ziehende Fronleichnamsprozession mit über tausend weit herkommenden Gläubigen, auch Protestanten, bis heute erhalten. Dieses im evangelischen Einzugsgebiet seltene Schauspiel verdankt sich der preußischen Aufgeschlossenheit in Religionsdingen.

▸ *Lesetipp: Ulrike Hauser, Die Kapelle Stockkämpen – katholische Enklave im evangelischen Ravensberg, in: Heimatjahrbuch Kreis Gütersloh, 1992, S. 126 – 130.*

Der Turm der Burg Ravensberg bei Borgholzhausen

▸ *Lage: Die Ravensburg thront auf einer Kalksteinegge des Teutoburger Waldes rund 2,5 Kilometer südlich von Borgholzhausen; sie ist zu Fuß vom Parkplatz an der B68 – Ecke Clever Schlucht – aus zu erreichen.*
▸ *GPS: 52° 4‘ 57“ Nord 8° 17‘ 50“ Ost*

Mittelalterlicher Bergfried der Burg Ravensberg

In Borgholzhausen ragen die Zinnen des Bergfrieds der Ravensburg majestätisch in den Himmel. Dieser eindrucksvolle Anblick ist nicht nur der Funktion als Stammburg der Ravensberger in alten Zeiten zu verdanken – die Burg war um 1100 auf einer Kalksteinkuppe des Teutoburger Waldes errichtet worden –, auch preußischer Denkmalschutz spiegelt sich in der Erscheinung des Turms wider. Der Berliner Meisterarchitekt Karl Friedrich Schinkel höchstpersönlich entwarf nämlich den Zinnenabschluss, so wie er sich dem Besucher bis heute zeigt. Tatsächlich besaß die mittelalterliche Anlage aber gar keine Zinnen; die Burgenromantik des 19. Jahrhunderts ersetzte so historische Wirklichkeit.

Der Bergfried selbst stammt noch aus dem 12. Jahrhundert; im 16. Jahrhundert war die Burg weiter ausgebaut und ihre Befestigung verstärkt worden, doch bald setzte der Verfall ein. Gegen Ende des darauf folgenden Jahrhunderts wurde sie noch einmal als Gefängnis genutzt. Im 18. Jahrhundert schließlich ihres praktischen Nutzens beraubt, ereilte die ehemalige Landesburg ein typisches Schicksal: Die kräftigen Steinmauern wurden geschliffen, die Steine anderweitig wiederverwendet. Nur der Abbruch der mächtigen Turmruine konnte in den zwanziger Jahren des 19. Jahrhunderts durch den – gerade etablierten – staatlichen Denkmalschutz gerade noch verhindert werden. Von nun an griffen preußische Institutionen wirkungsvoll ineinander, um die historische Substanz zu erhalten.

So setzte sich zuerst Oberpräsident Vincke in Münster dafür ein, die Burg *»konservieren«* zu lassen. Seinen Projektantrag an das Finanzministerium in Berlin versah er mit der gezielten Begründung, dass das *»älteste Stammschloss des königlichen Hauses«* für Westfalen erhalten werden müsse. Das war zwar nicht ganz richtig, denn die Hohenzollern standen ja nur in der Rechtsnachfolge der Ravensberger, ohne mit ihnen je verwandt gewesen zu sein. Trotzdem war es geschickt, die Hohenzollern als Erben der Grafen von Ravensberg in die Pflicht zu nehmen. Von dort wurden die Pläne der Oberbaudeputation – und damit deren Vorsitzendem Schinkel – zur Begutachtung vorgelegt. Dieser kannte die Burg noch von der ersten westfälischen Denkmäler-Inventarisation von 1823.

Er nahm am 22. März 1830 in einem an den Finanzminister gerichteten Schreiben ausführlich Stellung: *»In dem Anschlage haben wir zwar das eiserne Gitter auf der Plattform beibehalten. Es ist indeß nicht zu leugnen, dass dasselbe diesem altertümlichen Gebäude ein etwas modernes Aussehen geben wird. In dieser Beziehung dürfte eine andere Brustwehr in Form von Zinnen die aus einzelnen Steinen, welche in Zwischenräumen auf der Plattform aufgestellt werden und durch eiserne Stränge untereinander in Brusthöhe verbunden sind, dem Charakter mehr entsprechen.«* Kurzerhand zeichnete Schinkel in die linke obere Ecke des Bauplans seinen Vorschlag für die obere Turmplattform und die Anlage der Wendeltreppe.

Durch den Tod des Finanzministers Sache wurde das Projekt allerdings erst fünf Jahre später wieder aufgegriffen. Eine Kabi-

Von Schinkel persönlich entworfen: Zinnen auf dem Turm der Ravensburg

nettsorder vom 31. Dezember 1835 verkündete, dass der König mit dem Bericht einverstanden sei, jedoch die Ausführung nach den Plänen der Oberbaudeputation angemessener finde. Friedrich Wilhelm III. genehmigte nicht nur die Pläne, sondern bewilligte anstelle des frei erbetenen Holzes sogar einen Kostenbeitrag von 200 Talern aus seinem Dispositionsfonds bei der Generalstaatskasse. Daraufhin beauftragte Vincke den Bauinspektor Friedrich August Ritter, die Instandsetzung durchzuführen. Die übermauerte Wendeltreppe im inneren Mauerrund und der Zinnenkranz wurden nach Schinkels Vorschlag ausgeführt. Allerdings ließ Ritter den Kegelmantel nicht mit Kreyeschem Zement, sondern mit Romanzement aus Mindener Fabrikation verputzen, um Kosten zu sparen. Die sachkundige Empfehlung des Meisterarchitekten in diesem Punkt unberücksichtigt zu lassen, stellte sich aber bald als ein Fehler heraus, denn schon 1841 musste die Plattform erneut eingedeckt werden. Ritter wurde noch nachträglich, obwohl er inzwischen Baurat in Merseburg geworden war, zu seiner Eigenmächtigkeit kritisch befragt. Die zentralen Planungen der Berliner Oberbaudeputation sollten derartige Misswirtschaft schließlich vermeiden helfen – daher war aus Berlin neben Geld und Rat immer auch Tadel zu erwarten.

▸ Lesetipp: *Otfried Ellger / Stefan Leenen, Kleine Einblicke in eine große Vergangenheit. Zur Baugeschichte der Burg Ravensberg aus archäologischer Sicht, in: Jahresbericht des Historischen Vereins für die Grafschaft Ravensberg 91 (2006), S. 45–67.*

Das Denkmal der Dreihundertjahrfeier in Borgholzhausen

▸ Lage: *Das Denkmal befindet sich südlich des Ortskerns von Borgholzhausen im Bereich der Wohnsiedlung am »Kleinen Moor«.*
▸ GPS: *52° 5' 49" Nord 8° 17' 49" Ost*

Die eigenwillige Findlingspyramide am »Kleinen Moor« in Borgholzhausen wurde am 2. September 1909 anlässlich einer sogenannten *»außerordentlichen Amtsfeier«* eingeweiht. Im Landkreis Bielefeld war ein großes Feier- und Jubeljahr ausgerufen worden, weil sich die Zugehörigkeit der Grafschaft Ravensberg zum Kurfürstentum Brandenburg zum 300. Mal jährte. Zeitlich abgestuft fanden auf dem Gebiet der ehemaligen Grafschaft vier große Feste statt, deren Spuren allesamt heute noch zu besichtigen sind. So wurden in Bielefeld der Leineweberbrunnen, in Jöllenbeck das Adlerdenkmal errichtet und auf der Ravensburg, der mittelalterlichen Stammburg der Ravensberger, eine Gedenktafel angebracht.

Für Borgholzhausen war ein öffentlicher Aufruf im Haller Kreisblatt am 2. März des Jahres vorausgegangen, der betonte: *»Dieses Volksfest soll der Hauptfeier in Bielefeld keinen Abbruch tun und daher erst an einem späteren Tage stattfinden.«* Doch weil dem Landrat der vorgeschlagene Ort

Denkmal anlässlich der 300-jährigen Zugehörigkeit Ravensbergs zu Preußen

im Haller Stadtgebiet missfallen hatte, fanden zwei getrennte Feiern auf Borgholzhausener Gebiet statt: die übergeordnete Kreisfeier auf der Ravensburg und die lokal orientierte Amtsfeier am »Kleinen Moor«, wo dauerhaft ein Park eingerichtet werden sollte. Diese Spaltung spiegelt den älteren Konflikt zwischen Halle und Borgholzhausen wider, denn die touristische Vereinnahmung der Ravensburg – auf Borgholzhausener Gebiet gelegen – durch die Kreisstadt hatte wiederholt Missfallen erregt. Mithilfe eines eigens eingerichteten Verschönerungsvereins versuchten die Borgholzhausener nun, das Jubiläum stadtplanerisch für eigene Ziele zu nutzen.

Die Idee für das Denkmal hatte der dortige Amtmann Albert Müller, ein national gesonnener Protestant aus Pommern und seit 1901 im Amt, aus seiner Heimatstadt Neustettin mitgebracht, wie eine Akte im Stadtarchiv Borgholzhausen bezeugt. Der Spendenaufruf vom 21. April 1909 klang entsprechend patriotisch: *»Die Regenten aus dem Hohenzollernhause sind für unser Land die besten Pfleger gewesen. Sie haben Preußen zum Führer Deutschlands gemacht und das Sehnen der Deutschen nach einem machtvollen, einheitlichen Reiche gestillt. Die Wohlfahrt des Volkes lag ihnen stets am Herzen.«*

Erbost führte der stolze Staatsdiener einen Streit mit der Berliner Bronzegießerei Gladenbeck, die ein Abbild des ehemaligen preußischen Herrschers, des 1609 regierenden brandenburgischen Kurfürsten Sigismund, als Bronze-Plakette für den Sockel der Pyramide schaffen sollte. Doch der Kurfürst fehlte im Angebot und wurde zu alledem noch fälschlicherweise als »Kaiser Siegesmund« bezeichnet. Außerdem offerierte die Gießerei als weitere angefragte Figur Wilhelm I. anstelle Wilhelm II. Amtmann Müller trug der Firma auf, sie möge sich doch beim Kurfürstenportrait gefälligst *»an das Bild nach dem Denkmal in der Sieges-Allee zu Berlin halten«*. Schließlich stornierte er den Bildnisauftrag ganz. Nur ein Abguss des Ravensberger Wappens blieb übrig, was Müller zu dem nüchternen Kommentar veranlasste: *»Ein ›Denkmal‹ wird also nicht errichtet werden.«*

Um die örtliche Verbundenheit mit dem Herrscherhaus zu dokumentieren, wurden die Landwirte Borgholzhausens aufgerufen, Findlinge zur Verfügung zu stellen und zum Denkmalsplatz zu verfrachten. Das Aufschichten und Vermauern fand mit ehrenamtlichen Helfern aus der Bevölkerung statt. Letztendlich entstand auf diese Weise eine Skulptur, die geerdet, massiv und weitgehend unzerstörbar ist. Ihre Inschrift erinnert an die Vereinigung Ravensbergs mit Brandenburg und die *»segensreiche Regierung Kaiser Wilhelms II.«* im Jahr der Errichtung. Für die Einweihungsfeierlichkeiten wurde das Datum der Kapitulation Napoleons III. in Sedan gewählt, welches eng mit der Gründung des Kaiserreiches verbunden war. Dieser Gedächtnisort sollte das patriotische preußische Erinnern auf feste Dauer stellen; dementsprechend lautete der Nachsatz der Inschrift: *»So lange deutsche Eichen stehen, soll Ravensberg nicht untergehen.«* Die mit der Steinpyramide gefundene Formensprache könnte passender nicht sein.

‣ Lesetipp: Richard Sautmann/Rolf Westheider, Ravensberg und Preußen. Ein Gedenkstein erzählt Geschichte in Borgholzhausen, in: Heimatjahrbuch Kreis Gütersloh 2009, S. 54–57.

Borgholtzhausen
Halle
Werther
Versmold
Brockhagen
Steinhagen
Brackwede
Isselhorst
Gütersloh
Marienfeld
Harsewinkel
Herrschaft
Rheda
Holte
Spenge
Bavenhausen
Dissen
Glane
Hilter
Remsede
Wichlinghausen
Kl. Dornberg
Ummeln
Hessel Fl.
Lutter Fl.
Dalke Fl.
Ems Fl.
1
2
3
4
5
6

Route 2

Versmold, Brockhagen, Steinhagen, Ummeln und Gütersloh

Das Gefallenendenkmal in Versmold

- *Lage: Das Gefallenendenkmal steht auf dem Versmolder Kirchplatz an der Ecke von Münsterstraße und Ravensberger Straße.*
- *GPS: 52° 2' 25" Nord 8° 9' 18" Ost*

Das Monument auf dem Kirchplatz der Petrikirche in Versmold ist charakteristisch für sein Entstehungsjahr 1876. Es gehört zu einer Welle von Kriegerdenkmälern, die zur Erinnerung an den Deutsch-Französischen Krieg von 1870/71 in ganz Deutschland in großer Zahl errichtet wurden. Zwei Faktoren trugen dazu bei, dass Versmold der erste Ort im Kreis Halle mit einem solchen Denkmal wurde: erstens das persönliche Engagement des Kriegervereinsvorsitzenden Friedrich Richter, der eine Spendensammlung initiierte, und zweitens ein günstiges Angebot des Wiedenbrücker Bildhauers Franz Anton Goldkuhle, der sich wegen der hohen Nachfrage auf die Serienproduktion von Säulenmonumenten spezialisiert hatte. Für Versmold schuf er ein insgesamt neun Meter hohes Monument, dessen einzelne Segmente so schwer waren, dass für ihre Überführung eine Brücke in Sassenberg extra mit Eichenbalken stabilisiert werden musste.

Die Inschrift des Gefallenendenkmals nahm Bezug auf gleich mehrere Kriege: *»Das Andenken der in den Kriegen 1864, 1866 und 1870 gefallenen Helden ehrt dankbar die Gemeinde Versmold.«* Als das Kriegerdenkmal 1923 durch die lange Liste der Gefallenen im Ersten Weltkrieg ergänzt wurde, fand das Versmolder »Sammelgedenken« seine Fortsetzung. Den elf Namen von 1870/71 standen nun annähernd dreihundert gegenüber. Die vormalige Erinnerung an die Befreiungskriege von 1813 bis 1815 war hingegen noch mit sieben Namen auf einer schlichten hölzernen Totentafel in der Kirche ausgekommen. Um deren Kosten allgemein zu begrenzen, waren Größe, Ausstattung und Inschrift jener Tafeln für Preußen genormt gewesen. Ihre Anbringung im Jahr 1816 in der Petrikirche folgte einer Liturgie, die der Innenminister sogar persönlich verfasst hatte. Auf Anordnung des preußischen Königs Friedrich Wilhelm III. sollte das Kriegsgedenken für die Befreiungskriege im kirchlichen Raum stattfinden; erst der Kampf um die Einheit wurde mit effektheischenden Monumenten auf öffentlichen Plätzen zelebriert.

Dem damaligen nationalen Selbstverständnis entsprechend zieren diese monumentalen Ehrenmale oft Figuren der Viktoria, der Germania oder eben auch Adler mit ausgebreiteten Schwingen. Die Variante in Versmold zeigt einen solchen preußischen Adler, der auf dem Kopf einer hohen Säule thront. Sein Vorbild stammt aus der Hand eines der größten Bildhauer des deutschen Klassizismus, Christian Daniel Rauch (1777 – 1857), dessen persönliches Schicksal und Wirken eng mit dem preußischen Herrscherhaus verknüpft war.

Im Fürstentum Waldeck geboren, begann Rauch eine Ausbildung zum Bildhauer in Kassel. Nach dem Tod seines Vaters

Gefallenendenkmal auf dem Versmolder Kirchplatz

wurde er Kammerdiener am preußischen Hofe, wo auch sein Bruder bereits arbeitete; auf diese Weise konnte er die Familie versorgen und nebenbei Kunstgeschichte und Altertumskunde an der Berliner Kunstakademie studieren. Gottfried Schadow, der Leiter der königlichen Bildhauerwerkstatt, erkannte Rauchs Begabung und machte ihn zu seinem Gehilfen. In der Folgezeit bat Rauch bei Hofe mehrfach um seine Entlassung und eine bescheidene Rente, um sich seiner Berufung widmen zu können – zunächst erfolglos. Erst auf Fürsprache von Friedrich Wilhelm III. durfte er schließlich ein sechsjähriges Stipendium in Rom antreten. Bald danach gelang ihm der große Durchbruch, als er ein überlebensgroßes Grabmal für die verstorbene Königin Luise schuf, deren Kammerdiener er jahrelang gewesen war. Seine Werkstatt im Berliner »Lagerhaus« wurde zur Keimzelle der Berliner Bildhauerschule. Bis zu seinem Tod im 81. Lebensjahr sollte er rund 50 Statuen, 150 Büsten und 90 Reliefs vollenden.

Rauch war »der« patriotische Künstler Preußens; ihm gelang es, das beliebte Adler-Motiv zur höchsten Vollendung zu bringen. Der Adler, wie er sich in Versmold aufschwingt, wurde zum stilbildenden Typus einer ganzen Epoche. In der Allgemeinen Deutschen Biografie wird Rauch entsprechend gewürdigt: *»Ohne einer Reihe von Skizzen zu gedenken, sei die Meisterschaft Rauch's in der Thierbildnerei besonders hervorgehoben. Seine Denkmäler sind vielfach zur Verstärkung des symbolischen Gehalts oder des architektonischen Gesamteindrucks mit Thierbildungen von stilvoll strenger Gebundenheit ausgestattet. Dem Adler, dem preußischen Wappensymbol, hat er seine mustergültige Gestalt verliehen.«* Der Adler auf dem Kriegerdenkmal in Versmold führt nicht nur zu den Gefallenen Preußens, sondern auch auf die Spur des Künstlers Christian Daniel Rauch, in dessen Biografie sich die teilweise enge Verbindung zwischen Berlin und Provinz, Königshaus und Untertanen zeigt.

‣ Lesetipp: Rolf Westheider, Versmolds Kriegerdenkmal. Schwere Steine und ein stolzer Adler, in: ders., Versmold. Eine Stadt auf dem Weg ins 20. Jahrhundert, Bielefeld 1994, S. 377–389.

Die alte Schule in Brockhagen

‣ Lage: Das Fachwerkhaus steht an der Brockhagener Straße 222 im Ortszentrum von Steinhagen-Brockhagen.
‣ GPS: 51° 59‘ 32“ Nord 8° 20‘ 56“ Ost

»Zum Dienst der königlichen Majestät« prangt auf dem Torbogen der alten Schule in Brockhagen. Das 1769 mitten im Ortskern neben der Kirche errichtete Fachwerkhaus steht unter Denkmalschutz. Es war als neues Schulhaus notwendig geworden, nachdem das vorherige nur ein Jahr gestanden hatte, wie die Inschrift ohne weitere Erklärung der Zusammenhänge mitteilt. Wahrscheinlich war es einem Feuer zum Opfer gefallen. Interessant ist die Differenzierung, die in der Inschrift hinsichtlich des Unterrichtszwecks gemacht wird: Der sollte nämlich zu »Ehren« Gottes und zum »Dienst« für den König stattfinden, wie der Betrachter erfährt. Die nähere Bestimmung der könig-

lichen Majestät als eine solche, *»die Gott uns gnädiglich gegeben hat«*, ordnet die Schule dem kirchlichen Bereich unter. Dem entsprach rein topografisch ihre Lage unmittelbar neben der Kirche; hinzu kam die entscheidende Tatsache, dass den Pfarrern die Aufgabe der Schulinspektion zukam.

Nach dem preußischen Generallandschulreglement von 1763 sollte der Prediger einmal monatlich die Lehrer seines Kirchsprengels anweisen: *»Er soll ihnen das Pensum, welches sie im Katechismus und sonst zu absolvieren haben, aufgeben, ihnen auch anzeigen, was für ein Lied, Psalm und welche Sprüche den Monat über von den Kindern auswendig gelernt werden sollen.«* Etwas abstrakter formuliert, bestand das Lernziel aus den elementaren Kulturtechniken Lesen, Schreiben und Rechnen. Dazu sollten die Schüler in drei *»Haufen«* eingeteilt werden: als *»ABC-Schüler«*, *»Buchstabenkinder«* und *»Lesekinder«*. Erstmalig bestand nun eine allgemeine Schulpflicht vom fünften bis zum 13. oder auch 14. Lebensjahr. Vorbild für das preußische Generallandschulreglement war tatsächlich eine minden-ravensbergische Schulordnung von 1754 gewesen. Sie war durch Friedrich den Großen endlich genehmigt worden, nachdem der erste Entwurf, der noch aus Zeiten seines Vaters Friedrich Wilhelm I. stammte, grundlegend überarbeitet worden war. In Kenntnis der Verhältnisse hatte ein gebürtiger Westfale, der weithin beachtete Pädagoge Johann Julius Hecker aus Berlin, die Anpassungen übernommen.

In der Überlieferung Brockhagens taucht 1647 zum ersten Mal das Thema »Schule« auf. Mit einem Gesuch vom 10. Dezember erbaten die Einwohner der Vogtei im Amte Sparrenberg von ihrem Landesherren, dem Kurfürsten von Brandenburg, die Einrichtung einer Schule. Wörtlich heißt es: *»Ferner wünschen und bitten wir, dass der göttliche Wille dahin gelenkt wird, damit der lieben Jugend ein ständiger Schulmeister auch vorstehe und sie in Gottesfurcht, christlicher Zucht und Ehrbarkeit unterwiesen werden mögen.«* Bisher sei solches aus Mangel eines *»bequemen Platzes«* unterblieben. Nun sei jedoch ein Kotten am Kirchhof

Fachwerkgebäude der alten Brockhagener Schule

Inschrift »zum Dienst der königlichen Majestät« am Torbogen

durch den Tod des Kolon Hartwig Uhlemeyer freigeworden, zu dem ein kleiner Garten gehöre. Zusätzlich möge doch der große Kurfürst als Landesherr *»ein geringes Stück Weidegrund auf der alten Howe«*, für das der Verstorbene jährlich zwei Taler und 32 Groschen gegeben hätte, zu diesem Zwecke freigeben. Die Brockhagener würden dann ihrerseits ein Malter Roggen und ein fettes Schwein pro Jahr für eine Lehrerstelle beisteuern.

Diesen handfesten Argumenten scheint sich Kurfürst Friedrich Wilhelm nicht verschlossen zu haben. 1656 taucht tatsächlich ein »Lehrer Richards« aus Brockhagen in den schriftlichen Unterlagen auf – denn er wurde vor Gericht geladen. Der Uhlemeyersche Kotten, also das erste Schulgebäude Brockhagens, stand höchstwahrscheinlich an der Stelle des heutigen Kantorhauses. Die »alte« Schule neben der Brockhagener Kirche blickt auf mehr als einen solcher Vorgängerbauten zurück, die auch schon mit brandenburg-preußischer Starthilfe zustande gekommen waren. Das schmucke, ansonsten unscheinbare Fachwerkhaus erzählt davon, wie weltliche und geistliche Interessen mit dem Bildungsbedürfnis der hiesigen Landbevölkerung konform gehen konnten.

▸ *Lesetipp: Eva-Maria Hartmann, Zwischen pädagogischem Eifer und bäuerlichem Eigensinn. Konflikte um den ländlichen Schulausbau im ausgehenden 18. Jahrhundert, in: Historisches Jahrbuch für den Kreis Herford (2005), S. 43–48.*

Das Haspelkreuz an der Kirche von Steinhagen

▸ *Lage: Das Haspelkreuz ist am Turm der Steinhagener Kirche angebracht; der Kirchplatz liegt etwas versteckt – rundum von Häusern umgeben – mitten im alten Ortskern.*
▸ *GPS: 52° 0' 20" Nord 8° 24' 50" Ost*

Hinter dem gut sichtbaren, eisernen Haspelkreuz von 1778 an der Sandsteinfassade des Kirchturms in Steinhagen verbirgt sich kein religiöses Zeichen, sondern ein profanes Mittel wirtschaftlicher Überprüfung, wie es in der Leinenregion Ravensberg regelmäßig verwendet wurde. Während die staatliche Instanz »Legge« die Qualität des Endprodukts Leinen festlegte, konnte mit Hilfe des geeichten Haspelkreuzes die Länge der verwendeten Haspeln, auf die der Faden gewickelt worden war, und damit die Menge des hergestellten Garns festgestellt werden.

Ganz ähnlich war es auch in anderen Gegenden üblich, das gängige Ruten- oder Scheffelmaß in Kirchenmauern und Stadttürme einzulassen. Die Händler hatten sich nach diesen Maßeinheiten zu richten. Zum Haspeln führten die königlichen Domänen im Jahr 1755 das sogenannte magdeburgische Maß ein, welches ab 1793 in ganz Preußen verbindlich wurde. Staatliche Eingriffe dieser Art dokumentieren den ausgesprochenen Willen des Königs Friedrich Wilhelm II., das *»Garncommercium in Aufnahme und guten Flor zu bringen«*, wie er öffentlich verlautbaren ließ. Schon der Große Kurfürst soll rund hundert Jahre zuvor Ravensberg als sein *»liebes Spinn- und Linnenländchen«* bezeichnet haben.

Die eigentliche Haspel bestand aus Holz und wurde im Zuge der Leinenverarbeitung genutzt, um den frisch gesponnenen Faden zu festen, abgemessenen Gebinden zu wickeln. Mindestens drei Stäbe waren zu diesem Zweck in bestimmten Abständen parallel zu einer Achse befestigt; auf diesem Gestell befand sich somit eine genau definierte Länge Garn. Anschließend konnte mit dem Gewicht pro Einheit auch noch die Garnfeinheit bestimmt werden. Die Abrechnung fand dann entsprechend der Qualität und Länge des Leinengebindes statt. Es hing also viel davon ab, dass das Haspelmaß stimmte.

Wer dreimal beim »Falschhaspeln« erwischt wurde, kam unter das Haspelkreuz; das heißt, er wurde am Kirchturm angekettet und so in der Öffentlichkeit bloßgestellt. Bei dieser Strafe wurde die Art des Vergehens automatisch mitkommuniziert. Das für jedermann sichtbare Haspelkreuz sollte außerdem die Kirchenbesucher an mögliche eigene Sünden beim Haspeln erinnern. Durch seine Existenz konnte niemand mehr behaupten, er habe die vorgeschriebene Haspelgröße nicht gekannt: Jeder konnte schließlich zur Steinhagener Kirche gehen und nachmessen. *»Dat is de Garenmate«* war andernorts darunter eingemeißelt. Die staatlichen Verfügungen über das Haspeln wurden zudem mindestens zweimal im Jahr von der Kanzel verlesen. Auch in den Amts- und Gerichtsstuben und in den Dorfkrügen konnten die Spinner sie angeschlagen finden. Trotz-

Das geeichte Haspelkreuz an der Kirchturmfassade

dem wurde vielfach absichtlich falsch gehaspelt.

Mit verschiedenen Maßnahmen versuchte die Regierung, solche Betrügereien in den Griff zu bekommen. So mussten die Haspelmacher sich auf das »gewrogte«, also geeichte Haspelkreuz vereidigen lassen und wurden verpflichtet, in jede neu gefertigte Haspel ihr Namenszeichen einzubrennen. Schon seit 1700 sollte jede Haspel begutachtet werden. Dazu wurden eigens Untervögte vom Staat über Land geschickt, die die Spinner bei der Arbeit überraschen und nachprüfen sollten, ob ihre Maße stimmten. Seit 1714 waren zudem die Vorstände von Ortschaften angehalten, an einem Tag des Jahres alle Haspeln zusammenbringen zu lassen, um nach erfolgter Kontrolle die falschen *»cassieren und verbrennen«* zu können.

Außerdem drohte der Staat empfindliche Strafen an: Die Haspeleigner sollten das erste Mal mit einem Reichstaler Bußgeld, das zweite Mal mit der doppelten Summe oder dem Pranger und das dritte Mal sogar mit Landesverweisung rechnen müssen. Garnhändler, die falsch gehaspeltes Garn erwarben und weiterverkaufen wollten, ohne es zur Anzeige zu bringen, wurden laut Verordnung, *»wenn sie sich dieserhalb mit dem Eide nicht purgieren«* konnten, zunächst mit einem Reichstaler Zahlung pro Stück bestraft: *»Das anderemal sie aber ihres Amtes und Gilden verlustig und zugleich infam erklärt werden sollen.«* Denunzianten wurde hingegen die »Halbheit«, das heißt die Hälfte des Strafgeldes, als Belohnung für ihre verräterischen Dienste versprochen.

Kirche zu Steinhagen

Das Haspelkreuz am Kirchturm in Steinhagen verweist somit als eine regionstypische, historische Spur auf das geschilderte Ringen zwischen Regierung und Untertanen, wenn es um die Qualität des Ravensberger Handleinens ging. Während die eine Seite Betrügereien verhindern wollte und einen Imageverlust des begehrten Handelsprodukts befürchtete, kämpfte die andere immer wieder um ihre Existenz, wobei ihr zuweilen auch das Mittel des Betrugs recht war: Armut und schlechte Ernten brachten die Spinner dazu, zum Trick des Falschhaspelns zu greifen; doch auch die hohe Geschwindigkeit konnte Schuld sein. Heute noch sprechen wir ja davon, uns zu »verhaspeln«, wenn die Worte sich verheddern, weil wir sie zu schnell herausbringen wollen.

Der Meilenstein an der Bundesstraße in Ummeln

▸ Lage: *Der Preußische Meilenstein steht an der Gütersloher Straße (B 61) in der Ortsdurchfahrt von Bielefeld-Ummeln in Höhe der Hausnummer 324; nahe gelegen ist auch die Bushaltestelle »Am Meilenstein«.*
▸ GPS: *51° 58' 7" Nord 8° 27' 42" Ost*

Der obeliskenförmige Ganzmeilenstein an der B 61 in Bielefeld-Ummeln ist eine recht schlichte Fassung dieses Typs von Meilensteinen. Zum Standardprogramm zählten eigentlich noch ein gusseisernes Adler-Relief sowie seitliche Ruhebänke. An den Hauptverkehrsrouten hatte Preußen schon im 18. Jahrhundert begonnen, zu Diensten der Staatspost alle 7,5 Kilometer (eine preußische Meile maß genau 7,5325 km) einen solchen Meilenstein aufstellen zu lassen; die Beförderungszeiten und Tarife berechneten sich nach den so festgesetzten Entfernungen. An den Chausseen in Westfalen wurden zudem alle 50 Ruthen »Nummernsteine« errichtet, 40 davon pro Meile.

Die Instandhaltung der Straßen wurde überwiegend vom Staat getragen; hierfür mussten im westfälischen Durchschnitt jährlich etwa 1.000 Reichstaler pro Meile aufgewandt werden. Speziell für diese Zwecke eingesetzte »Wegewärter« erhoben das sogenannte »Wegegeld«, das bei Benutzung der staatlichen Chausseen bezahlt werden musste. Mit der Dotationsgesetzgebung von 1875 übertrug Preußen dem Provinzialverband die Aufgabe, die Staatsstraßen künftig zu unterhalten und zu verwalten.

Die heute stark befahrene Bundesstraße zwischen Minden und Wiedenbrück hat ihre Ursprünge also in einer preußischen Chaussee, die in den 1830er Jahren angelegt wurde. In Westfalen gelten die Jahre um 1800 als Umbruchzeit für den neuzeitlichen Kunststraßenbau. Zuvor waren nach den älteren Landesordnungen in der Regel die Orte selbst für die Straßen und Wege in ihrem Bereich zuständig gewesen. Deutlich später als in anderen deutschen Landschaften zog der Staat nun auch in Minden-Ravensberg unter wirtschaftlichen und nicht zuletzt auch unter militärischen Gesichtspunkten den Straßenbau an sich. Noch 1815 galten Straßen den Zeitgenossen wegen ihres schlechten Zustands als *»Mördergruben für Mann und Pferd«*.

Doch während der Amtszeit des preußischen Oberpräsidenten Vincke (1815 bis 1844) wurde das Straßennetz Westfalens beträchtlich ausgebaut, um für die aufstrebenden Industrieunternehmen günstige und geradlinige Verkehrsverbindungen zu schaffen. 1882 verfügte der Regierungsbezirk Minden schließlich über 1.956 Kilometer Straßennetz; zu Beginn von Vinckes Amtszeit waren es nur 765 Kilometer befestigte Kunststraßen gewesen.

Diese zeichneten sich besonders dadurch aus, dass eine der Fahrspuren in Wölbung gepflastert und mit einem steinernen Unterbau versehen war. Die Trasse verlief erhöht und war beiderseits von Gräben flankiert. Daneben befanden sich Fußwege und Streifen zur Lagerung von Reparaturmaterial sowie ein »Sommerweg« für Fahrten bei trockenem Wetter. Viel Wert

Meilenstein an der ehemaligen Chaussee von Minden nach Gütersloh

wurde auf eine möglichst gerade Trassenführung gelegt: *»Die Wahl der Linie [...] ist das erste Geschäft, welches der sorgfältigsten Überlegung bedarf.«* Grundlage für den preußischen Chausseebau wurde die 1814 bis 1816 von der Oberbaudeputation in Berlin erstmalig publizierte »Anweisung zur Anlegung, Unterhaltung und Instandsetzung der Kunststraßen«. Kritisch vermerkte die Oberbaudeputation: *»Nur in den Gegenden werden gewöhnlich die Linien gerade gezogen und gebauet, wo die Grundstücke gemeinen Bauern und Bürgern gehören. Trifft aber die gerade Linie auf die Grundstücke eines Millionärs, eines Adlichen, eines angesehenen Beambten oder Geistlichen, so werden selbige mit schädlichen gesetzwidrigen Krümmungen, mit verwerflichen Zickzacks umgangen.«*

Heutige Bundesstraße B61

Viele Alleen entstanden damals, denn die beiderseitigen Baumreihen dienten zum Schutz von Fahrbahn und Reisenden; zudem war der Verlauf der neuen Chaussee so bereits von weitem zu erkennen. Brücken, Mauern und Geländer, die mit einem Anstrich in Nationalfarben versehen wurden, kamen hinzu. Tränken, Wegweiser, Unterstände längs der Straße sowie Gasthäuser, Krüge und Stationen zum Wechseln der Pferde komplettierten die moderne Verkehrsinfrastruktur. Von solchen »Wegehilfen« sind die Meilensteine an den Fernverkehrsverbindungen heute noch am ehesten erhalten. Sie zeigten neben dem Hoheitsemblem – in Westfalen seit 1815 meist der preußische Adler – die Entfernung zu den wichtigsten Städten an. Ihrer äußeren Gestalt widmete sogar Karl Friedrich Schinkel seine Aufmerksamkeit: Als Leiter der Oberbaudeputation entwarf er einen Formenkanon der verschiedenen Ganz-, Halb- und Viertelmeilensteine, der zum Klassiker wurde. Zwei von Schinkels Beispielen waren sogar aus Gusseisen gefertigt – in Westfalen kam allerdings nur die schlichte Steinfassung zum Einsatz, wie sie bis heute in Ummeln am Straßenrand zu sehen ist.

Der Hof des Landeshauptmanns in Hollen

‣ *Lage: Der kleine Ort Hollen liegt nordwestlich von Gütersloh-Isselhorst an der Münsterlandstraße (L 806); am Hof Prante kreuzt der Reithallenweg die Landstraße.*
‣ *GPS: 51° 57‘ 18“ Nord 8° 23‘ 10“ Ost*

Fachwerkhaus des Landeshauptmanns auf Hof Prante

Hof Prante am Reithallenweg in Hollen fällt auf, nicht nur von seinem Alter her. Die Fassade ist bunt und ungewöhnlich aufwendig für das frühere Kirchspiel Isselhorst, wo die Torbalken der bäuerlichen Fachwerkhäuser weithin schlicht gehalten wurden; solche Ornamente und Verzierungen sind sonst nur in den Städten der Umgebung zu finden. Folglich muss sein Erbauer Bertram Hugo wohlhabend und auf Repräsentation bedacht gewesen sein, als er das Gebäude im 17. Jahrhundert errichten ließ. Auf dem Torbalken findet sich außer der Datierung auf den 18. Juni 1656 folgende Amtsbezeichnung: *Churf:[ürstlich] Brand[enburgischer] Landth[auptmann]«.* Der Bauherr stand demnach in Staatsdiens-

Die Inschrift im Torbalken nennt Bertram Hugo als Bauherrn

ten; als Landeshauptmann oblag ihm die Führung der örtlichen Landmiliz.

Traditionell war die bäuerliche Bevölkerung ihrem Landesherrn im Kriegsfall zu militärischem Beistand verpflichtet gewesen. Um entsprechend wehrhaft zu sein, musste sie zu Übungen einberufen werden. Deswegen hatte der Kurfürst von Brandenburg einen aus dem aktiven Militärdienst entlassenen Offizier namens Hugo hier ansiedeln lassen, der nach dem erklärten Willen des Landesfürsten eine bäuerliche Miliz im Kirchspiel Isselhorst aufbauen sollte. So gesehen lebte Hugo in der Tat nicht von der Landwirtschaft wie seine Nachbarn, sondern von den Gewinnen, die ihm aus militärischen Eroberungen des Dreißigjährigen Kriegs zugeflossen waren. Seine Familie war in Isselhorst bald hoch angesehen und fungierte als Vermögensverwalter der Kirchengemeinde; so wurde beispielsweise der Kronleuchter der Dorfkirche im Jahr 1685 von einem »Kaptain Johann Ertwin Hugo« gestiftet. Weitere Söhne der Familie gingen als Anführer von Söldnertruppen für den dänischen König in Kriegsdienst. 1693 wurde ebenfalls ein Landeshauptmann Hugo als »Platzmajor auf der Ravensburg« genannt und 1713 für das »Kommissariat

Militaria und Steuern« in einer Liste landesherrlicher Bediensteter geführt.

Der Verteidigungsfall Münster hinterließ aber eine tiefe Kerbe im militärischen Ruhmesblatt des ersten Holler Landeshauptmanns Bertram Hugo: 1673 wollten Truppen des mit Frankreich verbündeten Münsterschen Fürstbischofs von Galen – wegen seiner kriegerischen Gelüste auch »Kanonen-Bischof« genannt – bei Brockhagen über die Grenze Ravensbergs rücken. Dieser Angriff fand im Rahmen größerer kriegerischer Auseinandersetzungen des brandenburgischen Kurfürsten mit Frankreich statt, die zum sogenannten Holländischen Krieg gehörten. Landeshauptmann Hugo musste sich mit seiner bäuerlichen Landwehr aus Isselhorst, Brockhagen und Werther den feindlichen Truppen entgegenstellen – und scheiterte kläglich.

Im Jahresbericht des Historischen Vereins der Grafschaft Ravensberg von 1877 wird geschildert, wie der »alte Bauernhauptmann Hugo« 1679 angeklagt wurde, die Landesgrenze beim Münsterschen Einfall schlecht verteidigt zu haben. Aus seiner Verteidigungsschrift geht aber auch hervor, dass die Landeshauptmannschaft aus den Bauern der Umgebung kaum einsatzfähig war. So hieß es: *»Aber bald drücken sich alle Schützen, lassen ihren Landeshauptmann allein, welcher gefangen, arg malträtiert und nach Münster geschleppt wird.«* Im anschließenden Prozess in Münster legten die feindlichen Offiziere für Hugos tapfere und umsichtige Verteidigung positiv Zeugnis ab, wodurch er mit einem Freispruch davonkam.

Das mit Wesersonnen verzierte Fachwerkhaus steht also für etwas anderes, als man anhand der fröhlichen Ornamentik der Fassade erwarten würde: Es erinnert an die kriegerischen Notwendigkeiten, die das preußische Staatswesen mit sich brachte und mit denen es umgehen musste. Durch die zahlreichen Gebietsgewinne war die preußische Herrschaft in vielen Provinzen auf eine recht unsichere Basis gestellt. Der Kurfürst musste gerade die neu erworbenen Gebiete am häufigsten verteidigen; dafür brauchte er modernes, gut funktionierendes Militär. Die Landmiliz konnte diesen Anforderungen nicht mehr gerecht werden.

Am Versagen des Landeshauptmanns Hugo von Hollen und seiner Bauerntruppe zeigte sich noch einmal in aller Deutlichkeit, dass es sich bei dieser Art der Landesverteidigung um ein Relikt aus anderen Zeiten handelte. So gesehen war es folgerichtig, wenn in Preußen das Militärwesen alsbald professionalisiert und ausgebaut wurde. Die legendären »Langen Kerls« waren jedenfalls als demonstrativer Gegentypus zum flüchtenden Landwehrmann zu verstehen.

Lesetipp: Renate Plöger, Kirchspiel Isselhorst – Zankapfel von Bischöfen und Grafen. Auf geschichtlichen Spuren im Kirchspiel Isselhorst, Herzebrock 2003, S. 43–44.

Der Taufengel in der Martin-Luther-Kirche in Gütersloh

▸ Lage: *Die Martin-Luther-Kirche steht im Ortskern von Gütersloh im Bereich der Kreuzung von Berliner Straße (Fußgängerzone) und Kökerstraße.*
▸ GPS: *51° 54‘ 21“ Nord 8° 22‘ 45“ Ost*

In der Martin-Luther-Kirche in Gütersloh befindet sich nahe dem Eingang eine in Metall gegossene Engelsfigur, die auf ein wechselvolles Dasein zurückblickt. Im Jahr 1861 vom späteren Kaiser Friedrich III. persönlich zur Einweihung der neuen Kirche gestiftet, wurde der Taufstein in den 50er Jahren des folgenden Jahrhunderts absichtlich aus dem Chorraum verbannt. Die Begründung lautete, der königliche Taufengel sei ein *»künstlerisch wertloser Bronzeguss«* und *»in dem neuen Raumgefüge stilmäßig nicht mehr zu ertragen.«* So wurde er an der Treppe des rechten Turmaufgangs abgestellt, bis er 1997 wieder ins hintere Kirchenschiff einziehen durfte. Tatsächlich stammt er aus der Werkstatt der Zink-Gießerei Moritz Geiß in Berlin und ist im Katalog des Jahres 1849 (Nr. XXI) auf Tafel 5 abgebildet. Handelt es sich deswegen um wertlose Massenware?

Im Begleitbrief des Kronprinzen Friedrich Wilhelm zur Überstellung der Skulptur vom 18. Oktober 1860 klingt das anders: *»Es gereicht der Prinzessin, meiner Gemahlin, sowie Mir zur Freude, in dem vor wenig Tagen an das Presbyterium abgesendeten Taufsteine für die Kirche zu Gütersloh einen Beitrag zur Ausschmückung jenes neuen Gotteshauses liefern zu können.«* Der preußische Thronfolger hatte den Taufstein eigenhändig ausgesucht. Es war ein Zinkguss des marmornen Taufengels, den Bertel Thorvaldsen der Kopenhagener Frauenkirche zu ihrer Einweihung rund zwanzig Jahre zuvor geschenkt hatte. Der europaweit berühmte Bildhauer wurde im preußischen Königshaus hoch verehrt. Als Vertreter der klassizistischen Kunst schuf er religiöse Motive, die prägend für ganze Bildhauergenerationen nach ihm waren. Auch die bei der Herstellung des Taufengels verwendete Gusstechnik galt damals als innovativ, weil man mit Zink jedes andere Material imitieren konnte. Solche Surrogate wurden im Historismus allgemein sehr geschätzt. Kurzum: Es handelte sich in jener Zeit um ein äußerst wertvolles Geschenk.

Welchen Grund mag der preußische Kronprinz besessen haben, die Gütersloher Kirche so reich zu bedenken? Einen Hinweis auf die näheren Umstände liefert der weitere Brieftext: *»Insbesondere aber war Uns diese Gelegenheit willkommen, weil hiermit gleichzeitig ein Denkstein in der Nähe jener Stätte errichtet werden konnte, wo Ich durch Gottes wunderbare und gnädige Fügung am 21. Januar 1851 bei einem Eisenbahn-Unfall vor Unglück bewahrt wurde.«* Denn der 19-jährige Prinz war mit dem Zug von Berlin nach Bonn, seinem Studienort, unterwegs gewesen, als am frühen Nachmittag auf der Höhe des heutigen Bahnhofs Isselhorst plötzlich der Zug entgleiste. Lokführer und Heizer sowie der amerikanische Gesandtschaftssekretär Ander wurden dabei getötet, während der Prinz und weitere Passagiere nur leichte Verletzungen erlitten. Im Bahnhof Gütersloh wurden die Unfallopfer versorgt und der Prinz setzte seine Fahrt in einem Sonderzug fort.

Für den jungen Thronfolger blieb das Geschehen einschneidend: Er bezeichnete es später als sein Schutzengel-Erlebnis. Tags darauf folgten Dankgottesdienste in Berlin und schließlich in allen Gemeinden im Land. Eine Woche später schrieb Friedrich Wilhelm an seinen Freund von Zastrow: *»Meine Kopfwunde ist seit mehreren Tagen gänzlich wieder und schmerzlos geheilt; es floß an Ort und Stelle viel Blut daraus, ohne jedoch Schmerzen zu verursachen.«* Dann schildert er, was er als Fügung empfand: *»Nur hatte die Direktion mich erst in den nachher am meisten zertrümmerten Wagen setzen wollen, und ich weiß nicht, warum sie es nicht getan.«*

Das Unglück fand große Beachtung in der Presse, weil es einer der ersten großen Eisenbahnunfälle in Deutschland war. Über seine Ursachen wurde viel spekuliert, während die Köln-Mindener Eisenbahn-Gesellschaft den Vorfall herunterspielte. Augenzeugen wollten Gleisarbeiten am Unfallort beobachtet haben, während die schlechten Laufeigenschaften der englischen Langkessel-Lokomotive ihr übriges getan haben mögen. Zukünftig wurde diese Art von Lok jedenfalls im Schnellzugdienst verboten. An der Unglücksstelle in Avenwedde wurde noch 1866 ein Denkmal errichtet, das allerdings nicht mehr zu besichtigen ist. Es verschwand irgendwann in den 60er-Jahren des 20. Jahrhunderts – bis auf den Sockel, der 1996 für einige Wintertage mit einem privat gefertigten Adlerdenkmal aus Eis erneut bekrönt wurde.

Taufengel in der Martin-Luther-Kirche

▸ *Lesetipp: Ulrich Felchner, der »Gütersloher Taufengel« und seine Geschichte, in: Der Minden-Ravensberger (2002), S. 112–117.*

Spenge
Engern
Herfort
Redenhagen
Schroetinghausen
Werther
Jöllenbek
Heide
Eikum
Meierhof
Stedefreund
Deppendorf
Teesen
Kocker
Gehrentrup
Elverdissen
Schildesche
Babenhausen
Dornberg
Meier zu Hohberg
Ihrentrup
Vogelsang
Hilse
Hilser bleiche
Heiderbaum
Schildmühle
Olderdissen
Heepen
Weg nach Lemgo
Douops Garten
Bielefeld
Lubraesen
Brackwede
Brenken
Meier zu Eilertrup
Sicker
Ollertrup
Kortz
Hillegossen
Meier zu Seel Hausen
Senne
Hehnen Kampe
Brinckmann H.
Grünewalds Krug
Koenigs Hoff
Ubbedissen
Meier zu Seniorsen
Barckhausen
Weg von Bielefeld nach
1
2
3
4
5
6
7

Route 3

Jöllenbeck, Bielefeld und Ubbedissen

Das Adlerdenkmal von Jöllenbeck

▸ *Lage: Das Adlerdenkmal hat seinen Platz im Zentrum von Bielefeld-Jöllenbeck in der Grünanlage am Kreisverkehr, wo Dorfstraße (L 543) und Eickumer Straße (L 855) zusammentreffen.*
▸ *GPS: 52° 5' 46" Nord 8° 31' 16" Ost*

Adlerdenkmal im Jöllenbecker Ortskern

Als am 16. Juli 1909 das Adlerdenkmal am Tieplatz in der Ortsmitte von Jöllenbeck eingeweiht wurde, handelte es sich um das größte gesellschaftliche Ereignis in der immerhin gut 800-jährigen Ortsgeschichte. Auf einem Triumphbogen über der Straße war das Motto der Veranstaltung zu lesen: *»Mit Gott für König und Vaterland. Des Vaterlandes Kraft und Ehr', sie liegen in des Landes Wehr.«* Noch 1969 erinnerte sich eine Jöllenbeckerin, dass sie als Zweitklässlerin überlegt habe, wer »in des Landes Wehr« liegen sollte, und auf tote Soldaten gekommen sei.

Tatsächlich ging es um die 300-jährige Zugehörigkeit der Grafschaft zum Hohenzollernhaus. Denn Jöllenbeck war einer der Verhandlungsorte der Ravensberger Landtage gewesen. Auch deswegen hatte Gustav Meyer zu Jöllenbeck sich schon zwölf Jahre vor dem Jubiläum in einer Eingabe an den Landkreis Bielefeld dafür eingesetzt, dass der Tieplatz nicht verkauft werden dürfe, da hier die Stände einst ihre Huldigung an den neuen Landesherren vollzogen hatten. Dort sollte das neue Denkmal aufgebaut werden, um der aufwendigen Grafschaftsfeier den passenden Rahmen zu liefern. Der Festakt auf der Ravensburg (▸ Route 1, Station 5) und die Einweihung des Leineweberdenkmals, die aus gleichem Anlass zelebriert wurden, hatten von der Größenordnung her eher lokalen Charakter.

Das Festprotokoll sah insgesamt drei Festpunkte vor: 1. die »Denkmalsweihe«, begleitet von einer Rede des Landrats von Dithfurth, 2. einen Festzug mit 43 Gruppen, die Szenen aus der Vergangenheit Ravensbergs, der heimischen Hausindustrie und der Gegenwart darstellen sollten, und 3. das Volksfest auf dem Sattelmeier-Uphof, das wortwörtlich ins Wasser fiel. Am Tag der Feierlichkeiten herrschte katastrophales Wetter, trotzdem kamen zigtausend Festgäste. Die Kreisbahnen hatten Sonderfahrpläne eingerichtet; als absolute Premiere war für elektrische Beleuchtung gesorgt worden, indem eine große Lokomobile aufgestellt und ein Generator aus Herford geliehen worden war. Für dessen Transport schickte der Gutsbesitzer Upmeier zu Belzen allein vier Pferde.

Pferde spielten überhaupt eine große Rolle, denn die ein Kilometer lange Prozession war mit Festwagen bestückt; den Höhepunkt bildete ein Sechsspänner mit der »Jungfrau Germania«. Auch »Herzog Wittekind« zog mit zahlreichen Sattelmeiern im »historischen Kostüm« hoch zu Ross vorbei. Über fünfzig Zugtiere mussten an Musik gewöhnt werden; deswegen spielte der Posaunenchor Jöllenbeck mehrfach am Straßenrand auf, damit »musikschwache« Pferde das Vorbeireiten üben konnten. Aus den Festvorbereitungen ging schlussendlich auch der Jöllenbecker Reitverein hervor. Die sogenannten »Kaiserreiter«, die schon 1897 Kaiser Wilhelm vom Bahnhof eskortiert hatten, waren an der Gründung ebenfalls beteiligt. Nun wollten sie erneut den Kronprinzen vom Braker Bahnhof nach Jöllenbeck begleiten; der aber sagte ab. Ein enthusiastisches Huldigungstelegramm an den Kaiser wurde trotzdem pflichtschuldig versandt.

Von den Gesamtkosten von 6.000 Mark waren mit Unterstützung des Historischen Vereins der Grafschaft Ravensberg allein 4.000 in Jöllenbeck gesammelt worden. Sogar aus Deutsch-Südwest-Afrika hatte ein Jöllenbecker seine Spende übersandt. So hatte das Adlerdenkmal im Herforder Atelier des Bildhauers Heinrich Wefing, Königlich-Preußischer Professor in Berlin, realisiert werden können. Zugleich Neffe von Initiator Gustav Meyer zu Jöllenbeck, war er in der Region durch die Wittekindsdenkmäler in Herford und Enger bereits bekannt.

Im Endeffekt bestand das Monument aus einem massiven Sockel, der den 245 Zentner schweren Granitblock mit einem siebeneinhalb Zentner schweren Adler trug. Als nach dem Zweiten Weltkrieg amerikanische Soldaten versuchten, das Denkmal zu zerstören, scheiterten sie an dessen Wuchtigkeit: Nur ein einzelnes Stück konnte aus dem Granit gesprengt werden. 1960 musste das Denkmal aus verkehrstechnischen Gründen umgesetzt werden: Es gelang dabei nicht, den Adler vom Granitblock zu lösen, weil er mit 25 Zentimeter langen Eisendübeln verankert war.

In der Festschrift zur Einweihung hieß es: *»Fertig steht das Denkmal nunmehr da, einfach in seiner Ausführung und Form, wirksam durch seine wuchtige Masse.«* Für die Ewigkeit gebaut, erwies sich das Jöllenbecker Adlerdenkmal als eine nahezu unzerstörbare Spur Preußens im Ravensberger Land.

▸ *Lesetipp: Horst Ulrich Fuhrmann, Jöllenbeck. Heimat im Wandel der Zeit. Bielefeld 1991.*

Im Meindersschen Hof residieren heute Ladengeschäfte

Der Meinderssche Hof in der Obernstraße

‣ *Lage: Der ehemalige Meinderssche Hof liegt an der Obernstraße 40 in der Bielefelder Altstadt.*
‣ *GPS: 52° 1' 11" Nord 8° 31' 42" Ost*

In der Fußgängerzone der Bielefelder Altstadt findet sich ein edles Patrizierhaus, das 1846 bis 1954 Sitz des Bielefelder Verlagshauses Velhagen und Klasing war. Weitere Betriebsgebäude erstreckten sich längs der heutigen Klasingstraße und waren mit einer unterirdischen Lorenbahn verbunden; später nutzte sogar eine Diskothek die unterirdischen Räume. Aktuell befinden sich Ladengeschäfte links und rechts des Eingangs, dessen Sandsteinrahmung in preußische Zeiten zurückweist.

Ein sogenanntes Chronostikon, ein Zahlenrätsel nach antikem Vorbild, ziert das verspielte Barockportal. Die herausgehobenen Buchstaben der lateinischen Inschrift ergeben, wenn man sie addiert, das Jahr der Errichtung 1669. Im Einzelnen stehen die Lettern für folgende Zahlen: M für 1000, D für 500, L für 50 (zweimal), X für 10, V für 5 (elfmal) und I für 1 (viermal). Übersetzt heißt es über dem Türsturz: »*Gott allein soll dies Haus hüten, schützen und fördern, den in ihm Wohnenden möge Friede und Wohlstand zuteil werden.*« Links und rechts neben der Tür sind die Familienwappen des Landrentmeisters Johann Meinders und seiner Frau Anna, geborene Isfordinck, eingemeißelt.

Im Jahr 1590 war das Haus in Meinderschen Familienbesitz gekommen, nachdem die vorherigen Bewohner, die Bielefelder Adelsfamilie von Greste, in den nahe gelegenen Grestschen Hof (‣ *Route 3, Station 3*) gezogen waren. Rund achtzig Jahre später begann ein repräsentativer Umbau, der das Gebäude vergrößern und verschönern sollte. Es wurde ein großer Saal angelegt; heute zeigt ein Textilgeschäft darin seine Auslagen. Im Verkaufsraum ist immer noch ein barocker Kamin von 1670, dem Jahr des Innenausbaus, mit originalen Stuckaturen zu sehen. Bei der Renovierung im Jahr 1985 wurde außerdem ein gut erhaltenes frühbarockes Deckenfries, das unter Dekorationsplatten verborgen war, im Büroraum nebenan freigelegt. Seine schweren Formen entsprechen dem Stil des berühmten späteren Berliner Schlossbaumeisters Andreas Schlüter.

Die Inschrift über dem Türsturz scheint den Hausbewohnern in der Tat Glück gebracht zu haben. Familie Meinders war hoch angesehen in Bielefeld. Eine Urkunde zur Steuerbefreiung vom 28. April 1701 nennt gleich zwei Familienmitglieder als rechtlich Begünstigte, einen allerdings posthum: »*so sol der in gottruhende Churfürstl. Brandenburg. Geheimbter Rat, und dieser Graffschaft Ravensberg Appelations-Gerichts Präsident, Herr Frantz von Meinders, als auch der Churfürstl. Brandenburgische Hof- und Cammer Rath, auch Ober-Kriegs-Commissarius, Herr Arnold Henrich von Meinders [...] von bürgerlichen oneribus und beschwerden unter nachfolgenden Conditionen zu eximieren [sein]*«

Der leitende Staatsminister in Brandenburg Franz von Meinders, Bruder des Hausherrn (‣ *Route 3, Station 3*), war sicher der berühmteste, aber nicht der einzige Meinders in Staatsdiensten. Eine Generation später machte Arnold Heinrich von Meinders ebenfalls Karriere am preußischen Hof. Und als im Jahr 1701 der Kurfürst von Brandenburg den preußischen Königstitel annahm, dichtete er sage und schreibe 57 Strophen zur Verherrlichung des Krönungstags und seiner Geburtsstadt Bielefeld. Ein kurzer Auszug gibt den Tonfall wieder: »*O angenehmes Bielefeld, Du bist die Zierde der ganzen Welt, Ein Auszug aller Lüste; Du bist Westfalens Paradeis, Die andern Städt in diesem Kreis Sind gegen dir nur wüste!*« Es verwundert kaum, dass die Stadt ihn mit ausdrücklicher Zustimmung des Königs von allen Steuern befreite.

Die Familiendynastie der Meinders gründete ihre Position weniger im klassischen noch im finanziellen, sondern vor allem im »politischen Adel«. Ihr Ruhm in Bielefeld war eng mit dem Aufstieg des Landes Brandenburg-Preußen verknüpft, in dessen Staatsapparat die Karrieren der ambitionierten Familien Minden-Ravensbergs seit dem 17. Jahrhundert auch stattfinden konnten.

‣ *Lesetipp: Bernd Hey (Hrsg.), Geschichtsabläufe. Historische Spaziergänge durch Bielefeld, Bielefeld 1990, S. 18–21.*

Die Gedenktafel am Grestschen Hof

‣ Lage: *Der ehemalige Grestsche Hof zu Bielefeld wurde 1869 baulich in das Ratsgymnasium integriert; bis heute bildet der Renaissancebau den nördlichen, zum Waldhof hin gerichteten Abschluss des Schulkomplexes.*
‣ GPS: *52° 1‘ 8“ Nord 8° 31‘ 40“ Ost*

Im Jahr 1866 bewahrten preußische Denkmalschützer den um 1585 errichteten Grestschen Hof, der heute ein Teil des Bielefelder Ratsgymnasiums ist, vor dem Abriss. Zu ihren Argumenten zählte ein Fachgutachten des staatlichen Konservators Ferdinand von Quast, der das Gebäude als »höchst ausgezeichneten« Renaissancebau pries: »*Alle Seiten beider Geschosse zeigen einen großen Reichthum gruppierter Fenster, Gesimse, Portale aus Feuerstein u.s.w., wie man solches in Deutschland nur noch selten in solcher Vollständigkeit findet. Eine höchst bedeutende Erscheinung, welche sogar der landschaftlichen Erscheinung der Stadt (von der Eisenbahn aus gesehen) einen besonderen Reiz verleiht.*«

Die ästhetische Wirkung der Weserrenaissance mit ihren symmetrischen Zierbeschlägen auf den Fenstereinfassungen und an der charakteristischen Utlucht hätte schöner kaum gewürdigt werden können. Doch nicht alle teilten die Einschätzung der preußischen Behörden. Der Bürgermeister wollte das Gebäude lieber abgerissen sehen; besonders im Großbürgertum kam

Gedenktafel für den Geheimen Staatsrat Franz von Meinders

Kritik am »altadligen« Bauwerk als unzeitgemäß auf. Das Wochenblatt »Der Wächter« bezeichnete es sogar als »außerordentlich schlottrige«, »liederliche« Ausführung und stellte die rhetorische Frage: *»Darf überhaupt ein Neubau nach einem verwitterten alten Gebäude umgemodelt werden, um dem alten zu gefallen, das neue zu verderben?«*

In der Tat war die ganze Aufregung erst zustande gekommen, als der Adelshof in den prestigeträchtigen Schulneubau integriert werden sollte. Diese Lösung hatte sich angeboten, denn das Gebäude war ohnehin seit 1711 in städtischem Besitz und wurde öffentlich genutzt. Eine Steintafel über dem Portal verweist noch heute auf den ursprünglichen Ankauf für karitative Zwecke, dessen Anlass die Armenspende des preußischen Geheimen Staatsrats Franz von Meinders gewesen war, dem berühmtesten Spross der erwähnten Bielefelder Familie (‣ *Route 3, Station 2*). Die Stadt hatte 1696 aus dem Nachlass dieses verstorbenen Bielefelder Staatsmannes einen Betrag von 400 Talern erhalten, mit dessen Hilfe im Grestschen Hof zunächst ein Waisen- und dann ein Armenhaus eingerichtet worden waren.

Alter Grestscher Hof am Ratsgymnasium

Daran war allerdings die Bedingung geknüpft, 200 Taler – wohlgemerkt die Hälfte des Gesamtbetrags – für die Ehrung des Spenders zu verwenden. Die 1722 im Auftrag des Neffen realisierte steinerne Gedenktafel am Grestschen Hof, die bis heute über der Außentür an der Straße »Waldhof« zu sehen ist, beschwört in lateinischer Sprache die *»immortali memoriae Francisci de Meinders«*, also die ewige Erinnerung an Franz von Meinders, *»den Geheimen Staatsrat der erhabensten und mächtigsten Kurfürsten Friedrich Wilhelm und Friedrich III. und Leiter des höchsten Provinzialgerichts«*, wie die deutsche Übersetzung seiner Titulierung lautet.

Von Meinders war in der Tat einer der einflussreichsten Räte des brandenburgischen Kabinetts im 17. Jahrhundert gewesen. Er wuchs in Ravensberg auf; nach einem Jurastudium arbeitete er zunächst als Sekretär des Grafen von Waldeck, einem Minister unter Friedrich Wilhelm von Brandenburg. Diese Anstellung bot Meinders einen guten Ausgangspunkt für seine politische Laufbahn. Im Anschluss wurde er Geheimsekretär des Kurfürsten, in dessen letzten Jahren Meinders selbst bis zum Staatsminister in Brandenburg aufstieg und sogar geadelt wurde. Auch unter dem Nachfolger des Kurfürsten, Friedrich III., konnte er seine außenpolitisch entscheidende Position halten.

Aus der Idee, sich ein Denkmal in seiner Geburtsstadt zu setzen, spricht einerseits sicher Meinders´ Heimatverbundenheit. Dass dies gerade in der Form eines Waisenhauses im alten Grestschen Hof geschah, ist gleichsam auch als Ausdruck des Zeitgeists zu sehen: Das preußische Engagement im Sozialwesen lieferte zahlreiche konkrete Vorbilder; es ist bekannt, dass das Franckesche Waisenhaus in Halle an der Saale ein solches für das Bielefelder war.

So übernahm denn auch der preußische Landdrost Clamor von dem Bussche, Protesten des Magistrats zum Trotz, die Aufsicht über die städtische Armenverwaltung und setzte Grundstücksverkäufe aus den Liegenschaften des Magistrats zugunsten des Waisenhauses durch. Staatliche Lotterien und Kollekten brachten weiteres Geld. Die Insassen selbst mussten spinnen und Strümpfe stricken, die seit 1723 mit Einwilligung des Königs Abnahme beim Heer fanden. Friedrich der Große höchstpersönlich verlieh dem Waisenhaus das Privileg für den Verlag des Ravensberger Gesangbuchs und trug so zu seiner Finanzierung bei.

Die spezielle Nutzungsgeschichte des Grestschen Hofes trug zu einer unterschiedlichen Einschätzung seines Wertes bei: Nach preußischen Vorstellungen positiv besetzt, standen dem aufstrebenden Bürgertum, das seine künftige Elite hier ausbilden lassen wollte, das alte Gemäuer und seine vormalige Nutzung als Armenhaus zunächst ganz konkret im Weg. Letztlich wurde der Grestsche Hof aber in den Neubau des Gymnasiums integriert, und wo früher arme Kinder Socken strickten, sollte nun der besser gestellte Bielefelder Nachwuchs seine Lateinlektionen erhalten – bis heute.

———

▸ *Lesetipp: Dieter Lohmann, Doch Quast war dagegen. Wie die preußische Bürokratie den alten Grestehof vor dem Abbruch bewahrte, in: 425 Jahre Ratsgymnasium, Bielefeld 1983, S. 214–225.*

Die preußische Kaserne an der Hans-Sachs-Straße

▸ *Lage: Die Längsfassade der ehemaligen preußischen Garnisonskaserne in Bielefeld erstreckt sich an der Hans-Sachs-Straße in der Bielefelder Altstadt (wenngleich dieser Teil der Altstadt »Neustadt« heißt).*
▸ *GPS: 52° 1‘ 3“ Nord 8° 31‘ 43“ Ost*

Die ehemalige preußische Kaserne von Bielefeld stammt aus dem Jahr 1777; äußerlich ist sie nahezu unverändert erhalten geblieben, während ihr Innenleben den Bedürfnissen des sozialen Wohnungsbaus angepasst wurde. Den nüchternen Zweckbau ziert nur eine einzige Steinmetzarbeit hoch über dem Haupteingang: das preußische Wappen, von Fahnen und Inschriften eingefasst, deren Einzelheiten verwittert und nicht mehr erkennbar sind. Von 1877 bis 1918 war hier das 2. Bataillon des Westfälischen Infanterieregiments Nr. 55 untergebracht, das weitere Aufstellungsorte in Minden und Paderborn hatte. Deswegen bürgerte sich in Bielefeld der Begriff der »55er-Kaserne« ein.

Wegen ihres hohen Alters stellt die Kaserne ein äußerst bedeutendes Zeugnis der preußischen Militärgeschichte in Westfalen dar. Insgesamt 230 Fuß in der Breite, also rund 70 Meter, misst der dreigeschossige Bau, dem später noch ein zusätzliches Halbgeschoss unter dem Dach hinzugefügt wurde. Nebengebäude und Geschützschuppen, die als Hofbegrenzungen dienten, wurden im 19. Jahrhundert wieder abgerissen. Die Stadt hatte gemäß der Vereinbarung mit dem Generalkommissariat einen geeigneten Bauplatz zur Verfügung gestellt: Der Hatzfeldsche Adelshof »Im blauen Sterne« lag auf einem Grundstück mit genügend Tiefe zum Lutterbach, um neben den Gebäuden auch einen Antreteplatz fassen zu können.
Als Material wurden bei den Bauarbeiten Verblendsteine von den Mauern und Rondellen der militärisch nutzlos gewordenen Sparrenburg verwendet, um die finanziellen Belastungen zu verringern. Die Gesamtkosten übernahm zwar die Generalkriegskasse, aber aus dem Stadtsäckel flossen jährlich 3.000 Reichstaler Beitrag, die vorher für Einquartierungen aufgebracht werden mussten. Die Zahl der in Bielefeld stationierten Soldaten war enorm angestiegen, seit sich Preußen nach dem Dreißigjährigen Krieg ein stehendes Heer zugelegt hatte. Während die Festung Minden von Beginn der preußischen Herrschaft an eine feste Truppenbelegung hatte, gab es in Bielefelds Mauern erst seit 1713 eine feste Garnison, die aus einem 700 Mann starken Infanterie-Bataillon bestand.

Die Soldaten mit ihren Familien und dem Gesinde stellten von da an wenigstens ein Drittel der Bielefelder Bevölkerung. Im Jahr 1718 waren von 717 Häusern 496 militärisch belegt. Weil die Soldaten verpflichtet waren, auch außerhalb des Dienstes Uniform zu tragen, war das Bielefelder Straßenbild im 18. Jahrhundert stark vom Militär geprägt. Prinzipiell jedes Haus war damals einquartierungspflichtig gewesen: Die Besitzer hatten für ausreichend Wohnraum, Licht und Material zum Heizen zu sorgen, wofür sie dann von der Stadt die besagte Entschädigung bekamen. Nach Willen Friedrichs des

Aus Verblendsteinen der Sparrenburg errichtet: ehemalige preußische Garnisonskaserne

Großen sollte der Kasernenbau nun die Bielefelder Bürgerhäuser von diesen Belastungen befreien.

Die Verpflegung der Truppe erfolgte über das Regiment, das wie ein Wirtschaftsbetrieb funktionierte. Trotzdem war die Versorgung nicht einfach; die Regierung ordnete an, neue Märkte einzurichten, wo die Bauern des Umlands ihre Waren fürs Militär feilbieten sollten. Trotz der Vergünstigungen kamen diese Märkte nicht recht in Gang. Selbst eine ausführliche neue Marktordnung für die Städte Minden-Ravensbergs von 1749 konnte den Mangel nicht beheben. Auch kam es zu Problemen, weil die angeworbenen Soldaten außerhalb ihrer Dienstzeiten in ihren angestammten Berufen arbeiteten, was die zivilen Handwerker erboste, da so die althergebrachten Zunftordnungen unterlaufen wurden. Die aggressiven Anwerbungen hatten ebenfalls Konfliktstoff nach Bielefeld gebracht.

Dennoch hat die Bevölkerung die Belastungen offenbar bereitwillig in Kauf genommen, da die Anwesenheit der Garnison beträchtliche wirtschaftliche Vorteile brachte. Zwar war die neue Kaserne schon nach drei Jahren fertiggestellt, doch war damit die militärische Bautätigkeit in Bielefeld noch lange nicht beendet: Schon während der Arbeiten an der Kaserne hatte man begonnen, auch das alte Kranken- und Siechenhaus für Soldaten in der Burggasse wieder in Stand zu setzen. Weil außerdem das vorhandene Exerzierhaus zu klein geworden war, hatten die regelmäßigen Formationsübungen der Soldaten sogar im Flur des Rathauses stattfinden müssen. Als der König deswegen erneut um Abhilfe gebeten wurde, machten die Stadtverordneten sich das Argument zunutze, dass so die – ebenfalls im Rathaus am Alten Markt untergebrachte – staatliche Leinenlegge empfindlich gestört werde. 1786 erging eine Kabinettsordre, die als zusätzlichen Neubau ein Exerzierhaus beschloss und dafür 430 Taler nebst Bauholz bewilligte.

Auch Tagelöhner und Handwerker profitierten von der solchermaßen gesteigerten Bautätigkeit in Bielefeld. Noch 1778 erging ein königliches Edikt, das sich direkt an diese richtete: *»Die Handwerker und Tagelöhner sollen ihre Waren und Arbeiten bei dem Ausmarsch der Regimenter nicht in höheren Preisen ansetzen, als gewöhnlich.«* Preistreibereien wollte sich der Staat nicht bieten lassen. Dennoch war der Gewinn für den allgemeinen Wohlstand in Bielefeld unübersehbar. Mehrfach hat die Stadt sich aktiv gegen eine Verlegung der Garnison in andere Orte gewehrt.

Als Friedrich II. am 17. August 1786 starb, nahm das Regiment an den kirchlichen und behördlichen Trauerfeiern teil und stellte Wachen an den Kirchentüren auf. Für die Mitwirkung an den Festlichkeiten erhielten die Obristen des Regiments je 4 Reichstaler aus der Stadtkasse. Wenn es um den Militärstandort Bielefeld ging, zogen Stadt und preußischer Staat letztlich an einem Strang.

▸ *Lesetipp: Heinz Pieper/Ulli Meisel, Umbau der preußischen Kaserne in Bielefeld, in: Das Bauzentrum (1990).*

Der Wappenstein Clamor von dem Bussches am Lutherstift

‣ *Lage:* *Der Wappenstein vom früheren Adelshof der Familie von dem Bussche ist in die Fassade des Altenheims »Lutherstift« an der Kreuzstraße 21 in Bielefeld eingelassen.*
‣ *GPS:* *52° 0‘ 60“ Nord 8° 31‘ 42“ Ost*

An der Fassade des Lutherstifts am Rande der Bielefelder Altstadt findet sich ein gemeißelter Wappenstein aus alten Zeiten, auf dem Putten im barocken Blattwerk einen Kronenreif tragen. Unter der Krone ist das Familienwappen des Ravensberger Landdrosten Clamor von dem Bussche zu erkennen.

Die darunter befindliche Zeitangabe »Anno 1711« bezieht sich höchstwahrscheinlich auf das Jahr seiner Eheschließung, denn zwei Namen und verschiedene Familienzeichen sind zu erkennen. Das Schild des klar gestalteten Allianzwappens zeigt drei Pflugscharen als Zeichen derer von dem Bussche für die männliche Linie, im viergeteilten Feld links oben und rechts unten je drei Jagdhörner als Zeichen der von Horn, links unten acht Lilienszepter für Kleve und im rechten oberen Feld einen springenden Löwen. Diese vier letztgenannten Felder stehen für die weibliche Linie; Clamor von dem Bussche war in zweiter Ehe mit Anna Margaretha, geborene Gräfin von Horn verheiratet.

Die steinerne Spur führt also an den Anfang des 18. Jahrhunderts, als sich hier einer der siebzehn Adelshöfe befand, die das städtische Leben Bielefelds entscheidend prägten. Schon im 16. Jahrhundert war dieses Anwesen im Besitz der Herren von dem Bussche gewesen, die zu den alteingesessenen Adelsfamilien im Ravensberger Land zählten. Nachdem ab 1689 für kurze Zeit die von Korffs genannt Schmising auf dem alten Rittersitz residierten, ging er 1718/19 erneut an den damaligen Landdrosten Clamor von dem Bussche und befand sich damit wieder im Besitz der Bielefelder Familie.

Besagter Clamor von dem Bussche war der Erbherr zu Ippenburg und Harlinghausen bei Preußisch Oldendorf. Vermutlich zog er bereits um 1680 in das Gebäude an der Kreuzstraße ein, als er in der Nach-

Wappenstein am Lutherstift

folge des verstorbenen Generals von Eller Drost auf dem Sparrenberg und brandenburgischer Kammerrat wurde. Der Hof direkt unterhalb des Sparrenberges war nämlich *»adliges Gut und Burglehen des Schlosses Sparrenberg«*, wie aus einem Aktenvermerk der Stadt Bielefeld hervorgeht. Mit von dem Bussche erhielt Bielefeld einen sehr tüchtigen Beamten, der nur sechs Jahre später zum Geheimrat und Ravensberger Landdrosten aufstieg. Damit stand er an der Spitze der landesherrlichen Bediensteten der Grafschaft, gefolgt von den anderen Drosten von Ledebur, von der Horst (‣ *Route 6, Station 1*) und von Meinders (‣ *Route 3, Station 3*).

Seine Befähigung hatte er bis dahin eindrücklich unter Beweis gestellt: Clamor von dem Bussche unterschrieb 1672 in Schildesche den Religionsvertrag des Großen Kurfürsten und nahm mit Geheimrat Meinders die Huldigung der Ravensberger Stände für König Friedrich Wilhelm I. von Preußen auf der Ravensburg entgegen. Außerdem ließ er während seiner Amtszeit die Berliner Längen- und Gewichtsmaße in Ravensberg einführen. Nebenbei ordnete von dem Bussche das örtliche Gerichtswesen neu, nachdem Friedrich Wilhelm das Bielefelder Gogericht 1719 abgeschafft hatte.

Seine amtliche Stellung wird auch durch die Inschrift des Wappens ausgewiesen: *»Clamor v. d. Bussche kon Preuss: Geh: Rath und Landdrost«*. Aus zeitgenössischer Quelle ist überliefert, dass er bis an sein Lebensende seine Gehälter als Drost, Gograf und Kammerrat behalten durfte, denn ihn hätten *»nicht allein Bürger und Bauern sehr verehrt, sondern die ganze Ravensbergische Ritterschaft habe ihm als ihrem Vater allen Respekt erwiesen.«* Nach von dem Bussches Tod am 9. März 1723 in Bielefeld verblieb der Adelshof bis zum Jahr 1752 im Besitz der Familie.

Um 1800 wurde der Domänenrentmeister und Steuereinnehmer Rose Besitzer des Hofes, der fortan »Rosenhof« genannt wurde. Als ihn die Stadt Bielefeld eine Generation später ankaufte, wurden hier die erste Bürgerschule und andere Bildungsinstitute untergebracht. Im Zweiten Weltkrieg wurde das geschichtsträchtige Gebäude bei den schweren Bombardierungen des Jahres 1944 vollständig zerstört. Das heutige Altenheim ist ein Neubau des Johanniswerks aus den 1950er Jahren. Nur die Inschrift im Wappenschild weist noch auf den prominenten Bewohner des Vorgängergebäudes zurück: Clamor von dem Bussche, seines Zeichens oberster Beamter in der preußischen Provinz im Westen.

‣ *Lesetipp: Erich Forwick, Das Lutherstift an der Kreuzstraße in Bielefeld steht auf historischem Boden, in: Ravensberger Blätter 1 (1983), S. 1–5.*

Die Ravensberger Spinnerei in Bielefeld

▸ *Lage: Die Ravensberger Spinnerei mit dem sie umgebenden Park liegt östlich der Altstadt zwischen Bleich- und Heeper Straße; in Haupt- und Nebengebäuden sind heute verschiedene kulturelle Institutionen untergebracht.*
▸ *GPS: 52° 1' 21" Nord 8° 32' 36" Ost*

Hauptgebäude der Ravensberger Spinnerei

Die mechanische Spinnerei im Ravensberger Park aus dem Jahr 1855 ist einzigartig im Vergleich mit der historischen Fabrikarchitektur im übrigen Nordrhein-Westfalen. Die Gesamtanlage mit Torhaus, Vorhof, Parkanlage und vor allem die Gestaltung des Hauptgebäudes erinnern an eine fürstliche Residenz inklusive Ecktürmchen und Zinnen. Der rund fünfzig Meter hohe Schornstein ist als Burgturm gestaltet und kleine Teiche in der Parklandschaft dienten als Kühl- und Löschwasserbehälter. Die Fabrikuhr über dem Haupteingang ersetzt den klassischen Wappenstein; dekorative und funktionelle Elemente verschmelzen hier auf markante Weise miteinander.

Der Gesamtentwurf für diese seinerzeit größte Spinnerei auf dem europäischen Festland – heute sind hier städtische Kultureinrichtungen wie das Historische Museum untergebracht – wird ihrem ersten Direktor Ferdinand Kaselowsky zugeschrieben. Als Experte für die neue mechanische Spinnerei-Industrie hatte er England und Irland bereist, um die dortigen Flachsspinnereien in Augenschein zu nehmen. Gefördert wurden seine Erkundungen vom Berliner Gewerbeinstitut, denn der preußische Staat setzte auf die Mechanisierung der Leinenproduktion, um sie international konkurrenzfähig zu halten. Kaselowsky war 1842 mit der Einrichtung der preußischen Musterspinnereien in Erdmannsdorf und Landeshut betraut worden. Nach seinem Ausscheiden aus preußischen Diensten verdingte er sich als

In Burgmanier: »Fabrikschloss« mit fünfzig Meter hohem Schornstein

Maschinenbau-Ingenieur in Leeds und legte auf seinen ausgedehnten Reisen weitere Textilbetriebe an. Auch die Vorstandsherren der eigens zu Bielefeld gegründeten Aktiengesellschaft, besonders Hermann Delius, waren weitgereiste Unternehmer, die vom Bauboom und der stilistischen Mode im Königreich Preußen Kenntnis genommen hatten. So ließ Carl Albrecht Delius seine Villa am Bielefelder Johannisberg stilistisch Schloss Babelsberg nachempfinden. Sein Bruder Hermann berichtete der ersten Generalversammlung der Spinnerei-Aktionäre im Jahr 1856: *»Schon vorher werden Sie, meine Herren, durch persönliche Anschauung mit uns darüber einig sein, dass der raschen, sorgfältigen und den Anforderungen des Schönheitssinnes, wie denen des Zweckes gleich gerechten Ausführung volle Anerkennung gebühre.«*

Das direkte bauliche Vorbild der Ravensberger Spinnerei waren offenbar Schloss und Fabrik im schlesischen Erdmannsdorf gewesen. Die Bielefelder Spinnerei wirkt wie deren architektonische Zusammenführung: die Halle vom Zweckbau kombiniert mit den Türmchen vom Prunkschloss. Tatsächlich war der sogenannte »Normännische Stil« der englischen Burgenbaukunst sehr beliebt im romantischen Klassizismus, wie auch in Potsdam zu sehen ist. Auch große technische Bauten wurden von den Nachfolgern Schinkels in diesem Stil gestaltet, etwa das Babelsberger Dampfmaschinenhaus von Ludwig Persius. Baumeister Rickert aus Berlin, der für die Ausführung der Spinnerei in Bielefeld verpflichtet worden war, hatte kurz zuvor einen Architekturwettbewerb mit dem bezeichnenden Namen »Schinkel-Konkurrenz« gewonnen.

Bemerkenswert im Inneren der Ravensberger Spinnerei sind die als »preußische Kappen« bezeichneten Gewölbe aus Backsteinen, wie auch die mit Stäbchen, Rosetten und Akanthusblättern verzierten gusseisernen Säulen des Mittelbaus, die man von den Bahnsteigüberdachungen zahlreicher Bahnhöfe dieser Zeit kennt. Die verwendete Gusstechnik stand in Zusammenhang mit der staatlich geförderten Schwerindustrie: Zahlreiche Eisenhütten in Preußen produzierten tragende Elemente aus Kunstguss, wie etwa die nahe gelegene Weserhütte von Porta bei Minden. Die Ähnlichkeit mit dem Empfangsgebäude des Mindener Bahnhofs (‣ *Route 7, Station 7*) war also regelrecht substanziell.

Der Staat als Geldgeber beanspruchte eine Art Aufsichtsrecht für den Spinnereikomplex. Immerhin hatten die Preußische Bank in Berlin und die halbstaatliche Preußische Seehandlung zum Aktienkapital von einer Million Taler beigetragen; außerdem waren Spindelprämien von 85.000 Talern geflossen. Der Berliner Handelsminister ließ sich die Pläne zur Begutachtung vorlegen und der Königliche Baumeister war persönlich während der Bauarbeiten anwesend. Selbst der Briefkopf des Unternehmens zeigte Flagge: Ihn zierte das Hauptgebäude der Ravensberger Spinnerei mit wehender preußischer Fahne.

‣ *Lesetipp: Dirk Ukena/Hans J. Röver (Hrsg.), Die Ravensberger Spinnerei. Von der Fabrik zur Volkshochschule – Zur Umnutzung eines Industriedenkmals in Bielefeld, Hagen 1989.*

Die ehemals preußisch-lippische Grenze bei Ubbedissen

▸ *Lage: Eine Grenze ist natürlich nicht punktuell anzugeben; besonders zahlreich finden sich historische Grenzsteine entlang der Gräfinghagener Straße und des sie flankierendes kleinen Baches. Die Gräfinghagener Straße bei Bielefeld-Ubbedissen verbindet die Detmolder Straße (B 66 alt) mit der Lämershagener Straße (K 10).*
▸ *GPS: 51° 58' 44" Nord 8° 39' 11" Ost bis 51° 58' 2" Nord 8° 38' 30" Ost*

Entlang der Gräfinghagener Straße bei Ubbedissen findet sich eine Reihe von alten Grenzsteinen, die nahe der Detmolder Straße mit einem Monument von immerhin 20 Zentnern Gewicht beginnen. Unter seinem Zinnenkranz ist auf der einen Seite die lippische Rose zu erkennen. Die Aufschrift »Freistaat Preußen« auf der anderen Seite deutet darauf hin, dass es – anders als die einfachen Grenzsteine – erst nach 1918 errichtet wurde, als nach der Abdankung Kaiser Wilhelms II. Preußen zum eigenständigen Freistaat innerhalb des Reichsverbands proklamiert worden war.

Ubbedissen liegt im Osten Bielefelds, dort, wo über Jahrhunderte die Grenze zwischen Lippe und Preußen verlief. Rund hundert historische Grenzsteine sind entlang dieser Linie erhalten, die früher auch von Landwehren – mit dichten Hecken bepflanzte Erdwälle – gesichert wurde. Die hohe Dichte von Marksteinen an der heutigen Stadtgrenze erinnert an die Zeit, als hier noch das »Ausland« begann und Grenzstreitigkeiten zwischen den Edelherren zur Lippe und den Grafen zu Ravensberg an der Tagesordnung waren. Dazu gehörten immer wieder auch Eigentums- und Zollkonflikte, denn der eindeutige Grenzverlauf sollte sich erst allmählich herausbilden. Einige Höfe blieben sogar im Besitz ihrer bisherigen Herrschaft, obwohl sie in fremdem Territorium lagen. Es ergaben sich zum Teil recht kuriose Grenzverläufe: In Bechterdissen wurde das Dorf durch den Sussiekbach in einen lippischen und einen ravensbergischen Teil zerschnitten. Der Grenzverlauf auf dem Hof Eickmeyer in Nienhagen ging zwischen Meyerhaus und Altenteil mitten durch das Anwesen hindurch. Doch die »Krönung« bildete der geteilte Kotten des lippischen Hofs Detering, der so nah an der Grenze lag, dass sein Anbau mit den darin befindlichen Wohnstuben zum preußischen Gebiet zählte.

Im Aktenauszug klingt das wie folgt: *»Der 21te [Stein], welcher also stehet, dass er auf die Scheidung des Stucken kottens und dessen Anbau zuweist, also dass der letztere mit denen darin befindlichen beyden Wohnstuben im Preußischen liegen.«* Einige Kotten im Grenzgebiet bekräftigten ihre Zugehörigkeit zum Ravensbergischen Territorium durch das Sparrenwappen und den preußischen Adler im Torbogen.

Um die regelmäßig aufkommenden Unstimmigkeiten abzuwenden, wurde 1787 ein Gebietsaustausch zwischen beiden Ländern und ein neuer Verlauf der Grenze beschlossen. Die zur Markierung benötigten Grenzsteine wurden in einem Steinbruch bei Berlebeck gebrochen. Im Jahr 1860 ließen die lippische und die preußische Regierung die gesamte, rund vierzig Kilometer lange Landesgrenze zwischen Vlotho an der Weser und Dalbke in der Senne durch 57 weitere Grenzsteine erneut markieren. Allein 48 davon entfielen auf das Gebiet der heutigen Stadt Bielefeld und zeigen dort bis heute auf etwa 15 Kilometern die Grenze zum Kreis Lippe an.

Bei den heutigen Messmethoden machen Steine solche Grenzen nur noch sichtbar, wohingegen sie früher definitiv Recht schufen. Deshalb wurde unter einem Grenzstein oft ein Teil einer zerbrochenen Tafel versteckt und das zweite Bruchstück in einiger Entfernung eingegraben. Nur im Grenzprotokoll war der Abstand festgehalten, damit im Streitfall bewiesen werden konnte, dass ein Stein tatsächlich versetzt worden war.

Prinzipiell verlieren historische Grenzsteine ihren Geltungsanspruch nicht. Ihre Entfernung wird insofern als Grenzverletzung geahndet, wobei auch das Denkmalschutzgesetz tangiert wird – wie ein Bielefelder Mitbürger erfahren musste, als Kripo und Staatsanwaltschaft bei ihm an der Haustür klingelten, weil er einen gefundenen Grenzstein bei eBay zum Verkauf angeboten hatte.

▸ Das Bielefelder Katasteramt hat Informationen zu diesem historischen Grenzabschnitt aufbereitet und auf seine Website gestellt: www.bielefeld.de/de/si/geschichte/hry/

Monumentaler Grenzstein zwischen Preußen und Lippe

Kilver
Donau
Westkilver
Ostkilver
Waghorst
Bieren
Sudholte
Altenhussen
Neuenkamp
Holsen
Oberreunigto
Gewinghausen
Oberede
Der Else Fluss
Bünde
Werffen
Hussen
Aschen
Hoiel
Nagelsheit
Warburg
Mühlenburg
Spenge
Bosenkamp
Dreyen
Engern
Oedinghausen
Einshause
Schweichler Berg
Bustede
Hücktenhausen
Boruber
Schwarze Meher
Schroetinghausen
Jöllenbek
Heide
Eikum
Meierhof
Stedefreund
Baum
Amsen
Hollen
Elverdissen
Teesen
Gehrentrup
Koeker
Babenhausen
Schildsche
Vogelsang
Milse
Milserbleiche
Schildmilse
Baums Stickhorst
1
2
3
4
5
6
7

Route 4

Herford, Hiddenhausen, Enger und Spenge

Der Sockel des Herforder Kurfürstendenkmals

▸ Lage: *Die Sockelfragmente des früheren Standbilds des Großen Kurfürsten findet man in Herford in einer Grünanlage am Ufer der Aa (Aawiesenpark) nahe der Hermannstraße.*
▸ GPS: *52° 6‘ 43“ Nord 8° 39‘ 54“ Ost*

Der am Boden liegende Sockel vom einstigen Herforder Kurfürstendenkmal steht einerseits für die typische »Denkmalsucht« des Wilhelminismus, andererseits für ein angespanntes historisches Verhältnis der Herforder zu Preußen. Im Jahr 1902 anlässlich des 250-jährigen Jahrestages der Unterwerfung Herfords auf dem Bahnhofsvorplatz errichtet, war das Denkmal selbst nie besonders beliebt; blieb doch der Anlass – obschon weit zurückliegend – im kollektiven Gedächtnis der Stadt negativ konnotiert.

Der offiziellen preußischen Annektion Herfords im Jahr 1652, die nun »gefeiert« werden sollte, waren die endlosen Verwicklungen des jülich-klevischen Erbfolgestreits und des Dreißigjährigen Krieges vorausgegangen, an dessen Ende die Grafschaft Ravensberg – Herford eingeschlossen – an den Großen Kurfürsten ging. Die Herforder aber beriefen sich auf ein Reichskammergerichtsurteil von 1631, nach dem die Stadt *»reichsunmittelbar«* gesprochen worden war. Friedrich Wilhelm erkannte dieses Urteil nicht an und ließ die Stadt schließlich 1647 von seinem Rittmeister Wolf Ernst von Eller (▸ Route 4, Station 4) von Bielefeld aus erobern, nicht ohne ihn anzuweisen, sich aller Gewalttaten zu enthalten. Trotzdem war es damals zu Blutvergießen gekommen, was recht lange Zeit nachwirken sollte.

Als das Standbild des Großen Kurfürsten ab 1902 auf seinem neuen wilhelminischen Sockel prangte, führte der Herforder Volksmund die etwas abschätzige Bezeichnung »Bahnhofsvorsteher« dafür ein. Angeblich hätten es viele Bürger auch insgeheim begrüßt, als das Kurfürstendenkmal 1942 zu Kriegszwecken eingeschmolzen wurde. Der leere Sockel auf dem Bahnhofsvorplatz verschwand in der Nachkriegszeit und kam erst im Jahr 2001 auf dem Gelände eines Abbruchunternehmens wieder zum Vorschein. Nach einigen Diskussionen über den Umgang damit beschloss der Stadtrat die »Hinlegung« der Denkmalsreste abseits der Innenstadt – eben dort, wo sie heute zu finden sind.

Schon von Beginn an war die Beziehung zwischen den Herfordern und dem Denkmal schwierig; so war im Jahr 1902 der heimische Künstler Professor Heinrich Wefing beauftragt worden, ein Standbild zu erschaffen, das aus Herforder Spendengeldern finanziert wurde. In seinen Erläuterungen zum Kunstwerk bemühte Wefing sich, einen positiven Bezug zu konstruieren: *»Dem Beschauer wird eindringlich klar werden, dass dieser echte Hohenzoller nicht nur von Herford Besitz ergriffen hat, sondern es auch zu bewahren wusste. Indem dessen Blick vom Denkmal aus zur Stadt hinüberschweift wird dieses zur Überzeugung, wenn er in das ihm zugewandte Antlitz des Großen Kurfürsten geschaut hat.«* Das klang ebenso merkwürdig, wie die Situation selbst für die

Stadt Herford offenbar war. Wie hatte es dazu kommen können?

Eine sicher gut, aber nicht unbedingt ernst gemeinte Zeitungsnotiz war kurz zuvor zum Selbstläufer geworden und hatte weite Kreise gezogen. Denn ausgehend von der bevorstehenden Enthüllung des Kurfürstendenkmals in Minden hatte sich das Herforder Kreisblatt am 20. November 1902 erlaubt, Ähnliches für Herford anzuregen. Eine daraufhin abgegebene Willensbekundung des Kriegervereins fand über die Lokalpresse den Weg in die Berliner Abendpost, wo das Ganze als ein gesamtstädtisches Anliegen Herfords dargestellt wurde. Noch am selben Tag reagierte das preußische Innenministerium auf diese Meldung und begrüßte das Vorhaben ganz offiziell. Damit verband sich das großzügige Angebot, »im Namen des Kaisers« das Schapersche Modell des Kurfürsten-Denkmals von der Berliner Siegerallee für einen erneuten Bronzeabguss zu nutzen. Diese Offerte traf die Herforder Verwaltungsspitze völlig unvorbereitet; sie konnte im Prinzip nicht abgelehnt werden. Der Bürgermeister schloss sich daher mit seinem alten Freund Wefing kurz und beide verfassten ein Antwortschreiben, das zwei Vorschläge im Namen des Rates enthielt: Der erste betraf die Wahl des Ausführenden, der zweite die Wahl des Standorts.

Sockelfragmente des ehemaligen Kurfürstendenkmals

Nur Professor Wefing könne in der Gestaltung des Kurfürstendenkmals entsprechende Rücksicht auf dessen örtliche Bedeutung nehmen, hieß es. Außerdem solle das Monument auf dem Bahnhofsvorplatz aufgestellt werden; was den Stadtverordneten ein zusätzliches Argument lieferte, um für das zu dieser Zeit noch nicht realisierte Herforder Bahnhofsgebäude staatliche Gelder einzuwerben. Die Marschrichtung war deutlich: Wenn man die Denkmalserrichtung nicht abwenden konnte, so sollten wenigstens greifbare Vorteile für die Stadt daraus entspringen.

Der Kaiser ließ zwar das Äußere des Bauplans geringfügig korrigieren, stimmte ansonsten aber in allen Punkten zu. Doch war das anschließend tagende Denkmalkomitee zunächst noch schlecht besucht. Erst ein persönlicher Brief von Bürgermeister Quentin an jeden, der nicht erschienen war, versuchte das finanzielle Unterfangen gezielt auf eine breitere soziale Basis zu stellen: *»Obwohl Sie in der Verhandlung am 1. März [...] nicht erschienen waren, darf ich als Vorsitzender des gewählten Comitees wohl annehmen, dass Sie gesonnen sind, durch Eintritt in das Comitee und durch Mitunterzeichnung des Aufrufs ihre Kraft in den Dienst dieser localpatriotischen Sache zu stellen.«*

Die Form der Feierlichkeiten zur Denkmalsenthüllung und die dabei klar markierten Grenzen der »Volksbeteiligung« konnten aber nicht darüber hinwegtäuschen, dass es ein zutiefst bürgerliches Fest war: Eine öffentliche Bekanntmachung vom 24. September 1902 untersagte das Fahnenschwenken, Schießen, Nachdrängen, Nachlaufen und die Errichtung fliegender Tribünen und Schankstätten. Lieber sollten die Straßen mit Girlanden, Tannen, Wimpeln und weiß-goldenen Fahnenmasten feierlich dekoriert werden, während Eichenlaub für die private Ausschmückung der Hausfassaden zur Verfügung gestellt wurde. So war die Huldigungsfeier für den deutschen Kaiser in Herford ein Fest geworden, mit dem sich die selbstbewusste städtische Führungselite zugleich selbst feierte.

Die Geschichte, die die Steine im Grünzug an der Hermannstraße zu erzählen haben, ist also nicht gerade eine »Liebesgeschichte«. Weder zum Denkmal noch zum Großen Kurfürsten hatten die Herforder je eine innige Beziehung. Bis heute zeugen die wie achtlos hingeworfenen Überreste des Denkmalsockels von einem eher lokal orientierten Patriotismus seiner Herforder Untertanen.

‣ Lesetipp: Regine Krull/Sonja Langkafel: Der Brandenburger in Herford. Ein Denkmal für den Großen Kurfürsten, in: Unter Pickelhaube und Zylinder. Das östliche Westfalen im Zeitalter des Wilhelminismus 1888 bis 1914, hrsg. v. Joachim Meynot u.a., Bielefeld 1991, S. 467–485.

Die Johanniterkirche in Herford

‣ *Lage: Die Kirche St. Johannes Baptist liegt in der Herforder Innenstadt an der Komturstraße 4a.*
‣ *GPS: 52° 6‘ 54“ Nord 8° 40‘ 36“ Ost*

In und um die in den Jahren 1715/16 errichtete Kirche St. Johannes Baptist finden sich eindeutige Hinweise auf die schon seit dem 13. Jahrhundert hier ansässigen Johanniter, deren Geschichte im Rahmen preußischer Toleranzpolitik mit der katholischen Gemeinde Herfords eng verschmolzen ist. Der Kirchplatz ist in Form eines Malteserkreuzes gepflastert, dem Symbol des Ordens des Heiligen Johannes. In unmittelbarer Nähe befindet sich auch das älteste Steinhaus der Stadt mit dem Komtursaal.

Interessanter für das Thema Preußen ist jedoch der barocke Saalbau der Kirche selbst; er manifestiert die Duldung des katholischen Gottesdienstes durch die reformierten Herrscher, in deren Namen St. Johannis 1674 zur Pfarrkirche der Herforder Katholiken gemacht worden war. Zur Pfarrseelsorge wurde fortan ein Bielefelder Franziskaner berufen, der Wohnung in der Komturei und die Benefizien der Kapelle zum Unterhalt erhielt. Weil das Bielefelder Kloster Herford als Außenstelle betrachtete, bezeichnete sich dieser später als *»missionarius et pro tempore parochus romano-catholicus«*, also als Abgesandter seines Ordenshauses. Im gleichen Jahr wurde auch ein katholischer Friedhof in Herford eingerichtet. Der Pfarrbezirk umfasste neben der Stadt und den umliegenden Adelshöfen wenige Katholiken in Enger, Bünde und der lippischen Umgebung.

St. Johannes Baptist mit Kirchplatz

Den Anschub für diese Entwicklung lieferte der Bielefelder Religionsrezess von 1672, in dem festgelegt wurde, welche Kirchen für den öffentlichen katholischen Gottesdienst in der mehrheitlich evangelischen Grafschaft Ravensberg zur Verfügung stehen sollten. Auf der einberufenen Konferenz in Bielefeld hatten die Bevollmächtigten des Pfalzgrafen von Neuburg und des Großen Kurfürsten einen öffentlichen Vergleich geschlossen, in dem beide Fürsten auf die Ausweisung von Untertanen verzichteten,

Johanniterkreuz auf der Einrahmung des Deckengemäldes in St. Johannes Baptist

die ihre Konfession wechseln wollten. Diese Maßnahme setzte die rechtliche Anerkennung Andersgläubiger, die 1609 zwischen Pfalz-Neuburg und Brandenburg abgesprochen worden war, erstmals konkret um. Damit stellten die jülich-klevischen Länder den Prüfstein für ein konfessionell durchmischtes deutsches Territorium dar.

In Ravensberg wurden fünf Orte für den öffentlichen katholischen Gottesdienst zugelassen: die erwähnte Johanniter-Kommende in Herford, St. Jodokus am Klosterplatz in Bielefeld und das Stift Schildesche, wo eigens eine neue Kirche neben der Stiftskirche gebaut wurde; die Kapelle in Stockkämpen (▸ *Route 1, Station 4*) und die katholische Kirche in Vlotho (▸ *Route 6, Station 7*) wurden später zum gleichen Zweck errichtet.

Für die Raumbeschaffung in Herford wurde auf Initiative des Ordensverwalters die heute nicht mehr erhaltene Hauskapelle der Johanniter erweitert. Vom Obersten hieß es, er habe *»die in genanntem Rezesse beliebete Erweiterung der Capelle werkstellig gemacht und mit einem stattlichen neuen Altar versehen«*. Komtur von Pallandt, der Leiter der Kommende, finanzierte den gesamten Ausbau aus seinem Privatvermögen; außerdem verhandelte er mit den brandenburgischen Behörden. Eine sogenannte »Allgemeine Bittschrift« von 1675 bat die *»dieses exercitii publico hochgeneigten Patronen«* um Spenden, und tatsächlich kam die weitere Kirchenausstattung als Schenkung in die Kapelle. So stiftete beispielsweise der Graf von Westphalen zu Fürstenberg die Kanzel, während der Herforder Bürger Heinrich Giese vier Altarleuchter finanzierte oder die reformierte Dekanin der Abtei, Gräfin von der Lippe, noch 1678 das Kleid für eine Marienstatue spendete.

Dreißig Jahre später war die Hauskapelle trotz ihrer baulichen Erweiterungen zu klein für die wieder anwachsende katholische Gemeinde geworden. Sie wurde 1713 niedergerissen und durch den bis heute gut erhaltenen Saalbau am Kirchplatz ersetzt. Am 4. November 1715 weihte der Paderborner Generalvikar den Neubau, für den der katholische Pfarrer eigenmächtig 1.600 Reichstaler aufgenommen hatte. Finanzier war der mittlerweile amtierende Johanniter-Komtur von Schaesberg, nachdem der Orden sich zunächst gesträubt hatte, die Schulden aus eigener Kasse zu decken. Deswegen ist sein Familienwappen auf dem Malteserkreuz (von dem nur die Kreuzarme hervorlugen) in der Umrahmung des barocken Deckengemäldes abgebildet.

Es war dem persönlichen Einsatz der Johanniter-Oberen zu verdanken, den Raum, den die preußischen Regenten für den katholischen Gottesdienst freigaben, in der Praxis einzurichten, materiell auszustatten und für die katholische Gemeinde in Herford auch tatsächlich nutzbar zu machen. Daher ist ihr Ordenskreuz noch stets an der Decke von St. Johannis zu sehen – ein ungewöhnlicher Anblick verglichen mit »gewöhnlichen« katholischen Gemeindekirchen.

▸ *Lesetipp: Theodor Helmert-Corvey/Thomas Schuler (Hrsg.): 1200 Jahre Herford. Spuren der Geschichte, Herford 1989*

Die Kurien der ehemaligen Abtei von Herford

‣ Lage: Die Fachwerkhauszeile der drei ehemaligen Kurienhäuser steht in der Herforder Elisabethstraße in unmittelbarer Nähe zum Rathaus und zum Münsterkirchplatz.
‣ GPS: 52° 6‘ 54“ Nord 8° 40‘ 14“ Ost

Schlafhäuser des Damenstifts: einst auch für Töchter aus dem Hause Hohenzollern

Die aufgereihten Fachwerkhäuser an der Elisabethstraße sind die letzten steinernen Zeugen der ehemaligen Herforder Abtei, die im 9. Jahrhundert von Ludwig dem Frommen zur Reichsabtei erhoben und auf Betreiben der damaligen Äbtissin mit den Gebeinen der Heiligen Pusinna, Herfords Schutzpatronin, ausgestattet wurde. In diesem ältesten sächsischen Frauenkonvent wurde die spätere Gattin König Heinrichs I.

erzogen. Im Jahr 1147 erhielt das Frauenstift die Reichsunmittelbarkeit, wodurch die Äbtissinnen über Rechte verfügten, die sonst nur ein Bischof inne hatte. »Sancta Herfordia« blickt auf eine glorreiche Geschichte zurück, die erst mit der Auflösung des Stifts 1810 endgültig endete.

Obwohl das Herforder Münster eindrucksvoll von dieser klerikalen Bedeutung zeugt, sollen hier die etwas unscheinbareren Fachwerkhäuser aus dem Eingangsbild ihre Geschichte erzählen: Vor fast 400 Jahren wurden die Kurien als Schlafhäuser der Stiftsdamen und für die Verwaltung der Fürstabtei errichtet. Neben den Kanonissen residierten dort auch wichtige geistliche Beamte. Im 17. Jahrhundert fand außerdem die Sekte der Labadisten unter dem Schutz der Äbtissin Elisabeth von der Pfalz dort Zuflucht. Doch welche Verbindung führt von den Kurien zu Preußen?

Wo heute Gäste eines Geschichtshotels ihren Kopf zur Ruhe betten, haben früher preußische Prinzessinnen geschlafen. Die Herforder Abtei war das einzige hochadlige Damenstift, das Anhängerinnen des reformierten Glaubens aufnahm, weswegen mehrere Töchter aus dem Hause Hohenzollern dort als Äbtissinnen amtierten. Die familiären Beziehungen zum preußischen Königshaus waren so eng, dass die reformierten Äbtissinnen als Erkennungszeichen einen eigenen Ordensstern einführten. Zur Tragfähigkeit dieser Verbindung hatte beigetragen, dass es nach den Wirren des Dreißigjährigen Krieges im Stift Herford schlecht um die Finanzen bestellt war. Das Stiftskapitel war *»in den abgestandenen Ledigen Kriegs jahren in tieffe schülden gerathen«* und die Aufnahme neuer Stiftsdamen sollte bewirken, dass es *»in gedeylichen standt wieder gesetzet«* wurde. Trotzdem herrschten Streitereien und Misswirtschaft, die schließlich sogar dazu führten, dass die amtierende Äbtissin Herford verließ und ein Kanzleirat die Verwaltung übernahm.

In diese Zeit fielen die Bemühungen des brandenburg-preußischen Herrscherhauses, die verwitwete Markgräfin Johanna Charlotte von Brandenburg-Schwedt standesgemäß unterzubringen. Durch den frühen Tod ihres Gatten – eines Sohnes des Großen Kurfürsten – wurde sie 1711 schon mit 29 Jahren Witwe. Ihre Söhne und Töchter waren durch die Weiterführung der Regentschaft in Schwedt oder durch Heiratsversprechen schnell versorgt. Ab 1714 versuchte Friedrich Wilhelm I. nun alles, seine Tante als Coadjutorin im Reichsstift Herford aufnehmen zu lassen.

Der preußische König besaß als »Patronus und Advocatus« des Stiftes einige Einflussmöglichkeiten, doch die Verhandlungen erwiesen sich als schwierig. Für eine Zahlung von 20.000 Reichstalern wurde zunächst ihre Aufnahme vereinbart. Als der preußische König die Forderung auf 8.000 Reichstaler herunterhandelte, verschleppte die amtierende Äbtissin aber den Einsetzungsvorgang. Trotz Stimmenkaufs fielen auch die Wahlen als einfache Stiftsdame und im zweiten Versuch als Dekanin durch die Kapitelmitglieder negativ für die preußische Markgräfin aus.

Der Pfründenschacher konnte erst durch den Tod der Herforder Äbtissin im Jahr 1728 zugunsten des Herrscherhauses gelöst werden. Am 4. Februar 1729 postulierten die Kapitelherren Johanna Charlotte einstimmig als Äbtissin. Den fortgesetzten Einwänden der amtierenden Dekanin, der eigentlich dieser Posten zugestanden hätte, begegnete die neue Vorgesetzte mit finanzieller Einschüchterung: Wenn die Widersacherin *»bey Ihren bisherigen Oppositionen beharren«* sollte, würde sie sich *»genöthiget sehen, genauer examinieren zu lassen«* ob es mit dem *»erlangten Dekanat, wegen nicht erfolgter Confirmation, seine völlige Richtigkeit habe, oder nicht vielmehr nöhtig sey, dass bis zu dessen Erörterung die dazugehörenden Einkünfte in Sequestrum genommen werden.«* Nach dem Verstummen auch der letzten Einwände wurde die brandenburgische Markgräfin endgültig in ihr Amt eingeführt.

Um ihre Herrschaft nachhaltig zu konsolidieren, erneuerte Johanna Charlotte von Brandenburg-Schwedt zügig die maroden Gebäude, versah sie mit einer komfortablen Einrichtung, die dem Berliner Hofleben entsprach, und ließ repräsentative Porträts von sich anfertigen. Außerdem stiftete sie den erwähnten Orden für die Kanonissen, der ihren Schriftzug trug und die Trägerin zu Treue auf ihr Haus verpflichtete. Alle Nachfolgerinnen folgten ihr in dieser barocken Manier, um ihre Herrschaft zu stabilisieren und zu legitimieren.

▸ Lesetipp: Thorsten Heese, Mit Schulterband und Schleife »... zum Lustre Unsers Stifts ...«. Ehre, Eitelkeiten und Intrigen im Zeichen des Herforder Damenstiftsordens, in: Historisches Jahrbuch für den Kreis Herford 1994 (1993), S. 65 – 100.

Gut Bustedt bei Hiddenhausen

▸ Lage: Bustedt ist ein Ortsteil von Bünde; das Gut Bustedt liegt seit der Gemeindereform von 1969 allerdings auf Gebiet von Herford-Hiddenhausen nahe der Löhner Straße (L 782).
▸ GPS: 52° 10‘ 7“ Nord 8° 36‘ 19“ Ost

Die Wasserburg Bustedt beeindruckt heute wie gestern durch ihre Bausubstanz: den mächtigen mittelalterlichen Burgturm, die hoch gemauerte Pforte am Hauptzugang und die breiten Gräften zwischen Vor- und Hauptburg, die auf zwei getrennten Inseln stehen. Es handelte sich offenbar um eine Anlage mit Verteidigungsfunktion. Und tatsächlich war sie kurz nach ihrer Errichtung in eine spätmittelalterliche Fehde verwickelt: Bustedt war nämlich um 1415 von Ritter Heinrich Ledebur auf Ländereien erbaut worden, die Eigentum des Herforder Damenstiftes waren. Als diese Eigenmächtigkeit zum bewaffneten Konflikt führte, unterlag Ledebur seinen Gegnern und musste Bustedt schon 1419 wieder räumen. Die Anlage ging daraufhin in den Besitz der Grafen von Ravensberg über und bekam den Status einer Landesburg. In den folgenden zwei Jahrhunderten wurde Bustedt zusammen mit dem ehemals lippischen Amt Enger regelmäßig an den ranghöchsten Beamten der Grafschaft Ravensberg, den Drosten, verpfändet.

Ein wesentlicher Einschnitt in der Geschichte der Burg fand nach dem Dreißigjährigen Krieg statt: 1647 übernahm das

Durch Wassergraben gesicherte Toreinfahrt zu Gut Bustedt

Haus Brandenburg die Grafschaft Ravensberg, womit auch die Zeit der Verpfändung Bustedts endete. Die neuen Landesherren nahmen die Burg in ihren Besitz und vergaben sie fortan als landesherrliches Lehen. Mit dem so belehnten Wolf Ernst von Eller trat 1649 erneut ein Kriegsheld in Bustedt auf den Plan, der allgemein hochgeschätzt, allerdings von den Herfordern des »Verrats« an ihrer Stadt bezichtig wurde.

Obristleutnant von Eller war ein enger Vertrauter Friedrich Wilhelms I. Mit dem reformierten Herrscher verbanden ihn religiöse und politische Anschauungen, für die er bereits in den Niederlanden gekämpft hatte. Mit der Herrschaft Brandenburgs wurde Eller 1647 Kommandant auf der Bielefelder Sparrenburg und erwarb kurz darauf erste kriegerische Erfolge: Auf Geheiß des Großen Kurfürsten hatte er eine Kompanie von 130 Mann als Garnison für den Sparrenberg angeworben, die bei der gewalttätigen Einnahme der auf Eigenständigkeit beharrenden Stadt Herford erstmals zum Einsatz kam (▸ *Route 4, Station 1*). In den folgenden zwei Jahren baute er die Verteidigungsfunktion der Sparrenburg aus, um dem sich zuspitzenden Zwist mit Pfalz-Neuburg begegnen zu können. Für seine Verdienste übertrug ihm der Große Kurfürst 1649 Gut Bustedt als Lehen, dreizehn Jahre später erhielt er den Titel des General-Majors. Im Jahr 1667 wurde Eller zum Landdrost in Ravensberg ernannt, womit der Große Kurfürst ihm eine Vormachtstellung gegenüber den anderen Vorstehern der neu eingerichteten vier Ämter einräumte.

Weil Wasserburgen um diese Zeit längst ihre militärische Funktion eingebüßt hatten, ließ Eller die Bustedter Anlage unter Verwendung der alten Bausubstanz zum landwirtschaftlichen Gut umbauen und vermutlich um den Ostflügel erweitern. Von da an verblieb die Burg im Besitz der Familie Eller, bis sie im 19. Jahrhundert im Erbgang an das Geschlecht Eberstein ging. Heute noch ist das Wappen der von Ellers über dem Portal der Burg zu finden. Der älteste noch vorhandene Bauteil ist der imposante Turm, der mit seinen vier Geschossen zum Typ der »Wohnturmburgen« gehört. Besonders erwähnenswert sind außerdem die klassizistischen Wandmalereien von 1799, die in zwei Räumen noch zu sehen sind.

Gut Bustedt liegt innerhalb eines reizvollen Natur- und Landschaftsschutzgebietes, den »Bustedter Wiesen«. Auch deswegen pachtete der Verein »Biologie-Zentrum« 1982 das alte Wasserschloss und baute es im Zusammenwirken mit dem Amt für Denkmalpflege so um, dass es für Schulklassen nutzbar wurde. Im Innenhof des Gutes und auf dem gesamten Areal werden im Sommer Ritterspiele veranstaltet – denn an diese Zeit fällt die Erinnerung in Herford deutlich leichter als an die preußische Stadteroberung.

▸ *Lesetipp: Ernst Maoro, Wasserschloss Bustedt in Hiddenhausen, in: Schlösser, Burgen, Herrensitze in Ostwestfalen-Lippe, Bielefeld 1986, S. 109–110.*

Die Museumsschule in Hiddenhausen-Schweicheln

▸ *Lage: Die Museumsschule im Hiddenhauser Ortsteil Schweicheln-Bermbeck, knapp 5 Kilometer nördlich von Herford, liegt nahe der Bahnlinie an der Blumenstraße 60.*
▸ *GPS: 52° 9‘ 12“ Nord 8° 40‘ 3“ Ost*

Blick in die Museumsschule

Im Hiddenhauser Ortsteil Schweicheln präsentiert sich eine ländliche Museumsschule in ihren Originalräumen aus dem Jahr 1847. Die Inschrift auf dem Torbogen des Fachwerkhauses verkündet die allgemeine Formel *»mit Gott aus treuer Fürsorge erbaut«*, schweigt allerdings über die näheren Umstände der Schulerrichtung – anders als etwa in Brockhagen, wo ja der preußische König als Geldgeber auf dem Balken genannt wurde (*▸ Route 2, Station 2*).

Aus schriftlich überlieferten Klagen ist bekannt, dass die alte Hiddenhauser Schule von 1716 feucht und viel zu klein geworden war und Ersatz dringend Not tat. Doch gerade um die Mitte des 19. Jahrhunderts hatte die kleine Gemeinde sicher nicht das Geld für einen Schulneubau aus eigener Kraft aufbringen können. Denn die meisten Heuerlinge und Kleinbauern der Gegend waren vielmehr einer dauerhaften und existenziellen Krise ausgesetzt: Die traditionellen Zuerwerbsmöglichkeiten im Leinengewerbe waren weitgehend weggebrochen, da überseeische Baumwolle und mechanisierte Großspinnereien der Hausspinnerei überlegen waren; zudem griffen Missernten und Viehseuchen um sich. Viele Spinner wanderten in diesen Jahren nach Amerika aus – oder verdingten sich als Hilfsarbeiter beim Bau der Köln-Mindener-Eisenbahn.

Auf unerwartete Weise schuf dieses Eisenbahnprojekt nun auch Abhilfe beim Hiddenhauser Schulproblem. Die Streckenführung verlief nämlich mitten durch das Schweichelner Schulhaus, das also für die geplante Einsenbahntrasse abgerissen werden musste. Im Gegenzug zahlte die Eisenbahndirektion 1.820 Taler für einen Neubau, der kurzerhand samt Lehrerwoh-

»Mit Gott aus treuer Fürsorge erbaut«: Balkeninschrift am Schulgebäude

nung an der heutigen Schulstraße errichtet wurde. Dabei fielen 2.300 Taler Gesamtkosten an. Den ausstehenden Restbetrag von 480 Talern konnten die 483 Einwohner der Gemeinde selbst aufbringen. Da der preußische Staat damals Hauptanteilseigner und Förderer der Eisenbahnlinie war, hatte er so indirekt zur Finanzierung des Schulbaus beigetragen. Dreißig Jahre später, als das Gesetz zur Verstaatlichung der Köln-Mindener Eisenbahn am 20. Dezember 1879 verkündet wurde, war die Bahn voll in preußischen Besitz übergegangen.

Am 17. November 1847 wurde die Errichtung der neuen Schule in Hiddenhausen gefeiert: 115 Schulkinder mit ihren Eltern, der Schulvorstand, der sich aus Herforder Pastoren zusammensetzte, einige Lehrer der Nachbarschaft und der Superintendent weihten mit Pastor Matthias die neue Schule ein. Er empfahl den Kindern *»fleißig die Schule zu besuchen, artig und sittsam zu sein in der Schule, auf dem Wege zur Schule und aus derselben nach Hause wiederholend das Gebet im Herzen«* zu tragen.

Die sogenannte »Nebenschule« gehörte zum Pfarrbezirk der Münsterkirche Herford, da Schweicheln keine eigene Kirche besaß. Für ihre zukünftige Unterhaltung waren nach dem preußischen Allgemeinen Landrecht von 1794 die landbesitzenden Bauern der Umgebung, die Colone, zuständig. Diese waren zu jener Zeit allerdings hochverschuldet, weswegen die wechselnden Schullehrer in Hiddenhausen wiederholt bei den preußischen Schulbehörden um finanzielle Unterstützung baten.

Allgemein bekamen Landschullehrer nur ein geringes Grundeinkommen. Doch sie konnten die zugehörige Lehrerwohnung mit großem Garten und Ackerland mietfrei nutzen, während das Abhalten sonntäglicher »Betstunden« und das »Leichensingen« ein regelmäßiges Zubrot lieferten. Die ansässigen Bauern halfen bei der Feldbestellung und in der Erntezeit mit, so dass für die Schweichelner Schulstelle 15 Scheffel Roggen und ebensoviel Hafer zusammenkamen. Auch ein festes Holzdeputat stand dem Lehrer zu. Weil bis 1888 alle Kinder außerdem jährlich einen Taler Schulgeld zahlten, waren hohe Schülerzahlen trotz beengter Räumlichkeiten stets willkommen.

Nicht verschwiegen werden soll, wie sich der erste Lehrer Brackemann ernstliche Sorgen darüber machte, dass die neue Bahnlinie das Schulhaus und den Schulweg der Kinder vom unmittelbaren Dorfbezug abtrennte. Verkehrsprobleme dieser Art kannte man auf dem Land bislang noch nicht. In dieser Hinsicht brachte die neue Köln-Mindener Eisenbahnlinie für das kleine Hiddenhausen Chancen und Risiken, die vorausweisend für das moderne Zeitalter waren.

- *Lesetipp: Monika Guist, Tafel, Kreide, Zeigestock. Schulzeit in Schweicheln 1847 – 1904, Herford 2006.*
- *Unter www.museumsschule.de sind Informationen zur Hiddenhauser Museumsschule im Internet abrufbar.*

Die Windmühle auf dem Liesberg in Enger

▸ Lage: Die Liesbergmühle steht auf einer kleinen Anhöhe im Süden des Ortskerns von Enger am Windmühlenweg; von der nahen Bielefelder Straße (L 557) ist sie zu sehen.
▸ GPS: 52° 7' 53" Nord 8° 33' 37« Ost

Die Windmühle auf dem Liesberg in Enger stammt aus dem Jahr 1756. Ein Inschriftstein an der Südseite der Mühle zeigt neben dem Baujahr eine Krone und die Buchstaben »FR«, das Königsmonogramm Friedrichs des Großen. Es handelt sich also um eine Königsmühle, die im Auftrag der königlichen Kriegs- und Domänenkammer erbaut worden war, unter anderem um die Mahlsteuer einzunehmen (▸ Route 8, Station 4). Zahlreiche Windmühlen verpachtete die Provinzialbehörde im Mindener Raum an Müller, während im Ravensberger Hügelland vor allem die Wasserkraft zur Energieerzeugung genutzt wurde. Weil in der Gegend von Enger der Bedarf durch die Wassermühlen aber nicht vollständig gedeckt werden konnte, investierte der preußische Staat in moderne Technik und ließ die Windmühle auf dem Liesberg errichten.

Bei gutem Wind schaffte die Liesbergmühle 7 bis 8 Zentner Mehl und Schrot am Tag. Allerdings wehte der Wind über dem Bergrücken häufig ungleichmäßig. Deswegen baute der Müller

Königsmonogramm über dem Mühleneingang

Wilkenhöner 1902 ein Motorhaus mit Elektromotor, eigenem Schrotgang und Becheraufzug, um bei schlechtem Wind elektrisch mahlen zu können. Den Strom für das kleine Gleichstromnetz lieferte die Wassermühle Riepe am Bolldammbach mithilfe von Dampfmaschine und Generator. Dieser Teil der Liesbergmühle ist zugleich Sachzeuge der Elektrifizierung in Enger. In das heute denkmalgeschützte Ensemble reiht sich auch ein 1837 hierher versetzter Fachwerkkotten ein, in dem der Mühlenknecht wohnte und

Königsmühle auf dem Liesberg

außerdem Wagen und Geräte untergebracht waren.

Obwohl die Liesberger Mühle zu den ältesten Exemplaren im weiten Umkreis gehört, ist sie viel besser erhalten als jüngere Mühlen, da preußische Königsmühlen besonders solide gebaut wurden. Trotzdem erhielt sie im Jahr 2002 eine neue Windrose und zum Teil einen neuen Umgang. Dabei stellte sich heraus, dass auch der Windrosenbock ersetzt werden musste, da er morsch geworden war. Schadhafte Balken im Inneren wurden abgefangen und erhielten neue Endstücke. Die Kappe wurde neu verschindelt und Bremse, Blitzschutz und Kappenboden restauriert. Zur Vollsanierung gehörte schließlich noch, die Flügel auszutauschen und mit Stahlruten zu verstärken.

Diese Königsmühle war Bestandteil eines ehrgeizigen Bauprogramms in ganz Preußen, das die Grundversorgung der Bevölkerung mit Getreideprodukten sicherstellen und die Wirtschaft ankurbeln sollte. Freilich ging es auch darum, die Staatskasse zu füllen, denn jeder Müller musste eine beträchtliche Pachtsumme an den Fiskus bezahlen. Dafür wurde ihm über den »Mahlzwang« ausreichend Kundschaft gesetzlich garantiert: So wurden über 430 Haushalte in Enger verpflichtet, ihr Getreide zum Vermahlen zur Mühle auf dem Liesberg zu bringen.

Doch auch weit über die Laufzeit des Mahlzwangs hinaus – für die Dauer von insgesamt 204 Jahren, bis 1960 – versorgten die Müller der Königsmühle die Einwohner von Enger mit Mehl und Futterschrot. Dass diese Möglichkeit einem preußischen König zu verdanken war, dürfte mit fortschreitender Zeit den wenigsten Kunden noch geläufig gewesen sein.

▸ *Lesetipp: Christoph Mörstedt, Mühlen im Kreis Herford, Bielefeld 1995.*

Der Grenzstein an der Martmühle bei Spenge

▸ *Lage: Der Martmühlenweg zwischen Spenge (NRW) und Hoyel (Niedersachsen) quert rund zwei Kilometer nördlich von Spenge das Tal der Warmenau; hier an der Martmühle sind wie am übrigen Bachverlauf zahlreiche Spuren der historischen Grenze zu finden.*
▸ *GPS: 52° 9‘ 43“ Nord 8° 28‘ 57“ Ost*

Gleich hinter der Brücke über die Warmenau ragt ein knapp meterhoher Sandstein aus dem Gestrüpp am Flussufer hervor. Es ist ein Grenzstein mit halbkreisförmigem Abschluss, der gut eine Vierteltonne auf die Waage bringt. Und er ist nicht allein. Auf einer Strecke von etwa zweihundert Kilometern wurden knapp sechshundert gesetzt – in loser Reihenfolge und in drei verschiedenen Ausführungen: neben der großen Version noch mittlere von zweihundert Kilo und kleine von einhundertfünfzig Kilo Gewicht, die in ein flach gerundetes Kopfende auslaufen. Obernkirchner und Osning-Sandstein wurden dafür verarbeitet.

Die Warmenau bildete von alters her die historische Grenze zwischen dem Bistum Osnabrück und der Grafschaft Ravensberg, was die mittelalterlichen Güter Königsbrück und Warmenau längs des Bachverlaufs noch dokumentieren. Neben der Martmühle sind die alten Grenzmarkierungen vorzugsweise an weiteren Wassermühlen wie der Ohsener Mühle und der Niedermühle zu finden. Verbindlich festgelegt wurde der Grenzverlauf nach dem Befreiungskrieg gegen Napoleon in einem Staatsvertrag zwischen Preußen und Hannover am 25. November 1837. Beide Parteien verpflichteten sich in Artikel 6, auf alle bisherigen Ansprüche jenseits der markierten Grenze zu verzichten.

Daraufhin wurden die Grenzsteine mit einem »P« für Preußen auf der Vorderseite und einem »H« für das Königreich Hannover auf der Rückseite gekennzeichnet und aufgestellt. Außerdem standen sich Jahreszahl und fortlaufende Nummerierung jeweils gegenüber. Damals wurde der Grenzverlauf auch erstmals ausführlich beschrieben: *»Sodann bildet die Warmenau, und zwar die Mitte derselben, die Grenze [...] und trennt dieselbe die preußischen Gemeinden, Spenge, Wallbrück, Barendorf und Düttingdorf von den Hannoverschen Gemeinden.«*

Bis 1866 war diese Linie eine reale Auslandsgrenze inklusive Zoll- und Passpflicht, weswegen die Bauern alljährlich dafür löhnen mussten, ihr Vieh auf die Weiden jenseits der Warmenau zu treiben. Die Kühe bekamen sogar eine Marke ins Horn gebrannt, bevor sie die Grenze passieren durften. Das abgeschiedene Tal der Warmenau bei Spenge mit seiner klappernden Wassermühle war damals ein beliebter Ort für Schmuggler.

Doch mit der Annektierung des Königreichs Hannover durch Preußen im Zuge des Kriegs von 1866 verloren die Grenzmarkierungen ihren eigentlichen Zweck – und wurden meist vergessen. Einzig die preußischen Landesvermesser meißelten neue Markierungen wie Rillen oder Kreuze in ein paar Steine. Manche fielen um, der ein

Grenzstein im Uferdickicht am Flüsschen Warmenau

oder andere wurde als Weidepfosten zweckentfremdet und einzelne finden sich mitten im Wasser wieder, seit die Warmenau begradigt wurde. Dieser Flurbereinigung fielen viele Grenzsteine gänzlich zum Opfer.

Bis heute spielt das Tal der Warmenau eine erkennbar trennende Rolle in der Kulturlandschaft. So gibt es aufgrund der jahrhundertealten Grenzfunktion an manchen Abschnitten auch gegenwärtig nur wenige Straßen, die den kleinen Bach queren. Seit dem Zweiten Weltkrieg verläuft längs des Flüsschens die aktuelle Grenze zwischen den Bundesländern Niedersachsen und Nordrhein-Westfalen. Die wenigsten Wanderer werden heute ahnen, dass der Grenzstein an der Martmühle einst Zeuge war, wie Schmuggler bei Nacht und Nebel die grüne Grenze zweier Königreiche passierten.

Fürstenthums Minden
Dettmold
Else
Fluss
Werre mühle
Weerd
Lohne
Gohfeld
Diepembs.
Mehlbergen
Saltzwerck
Rehme
Weser Strohm
Uffel
Vlotho
Papier Mühle
Sollerwiesen
Exter
B. Wehrendorf
Salzufeln
der Beja Fluss
Schötmer
1
2
3
4
5
6
7
8

Route 5

Bad Oeynhausen, Exter und Vlotho

Die Brücke über den Kokturkanal in Bad Oeynhausen

- *Lage: Der Kokturkanal verläuft im Bereich des Bad Oeynhausener Sielparks südlich parallel zur Werre; die Brücke erreicht man über die von der Kanalstraße abzweigende Sielallee.*
- *GPS: 52° 12' 27" Nord 8° 47' 25" Ost*

1767 erbaute Steinbrücke über den Kokturkanal

Im Sielpark an der Werre in Bad Oeynhausen führt eine verträumte Brücke über den sogenannten »Kokturkanal«, die deutlich sichtbar die gekrönten Buchstaben FR zwischen der Jahreszahl 1767 trägt. Während die Abkürzung als Monogramm Friedrichs des Großen für »Fridericus Rex« steht, bezieht sich die Datierung auf die Erbauung der Brücke. Doch warum sollte der preußische König zu jener Zeit dafür gesorgt haben, dass die zwar hübsche, insgesamt aber eher unscheinbare Brücke außerhalb der Stadt Bad Oeynhausen errichtet wurde?

Ihre Existenz verweist auf einen größeren Zusammenhang, der sich wie bei einem Puzzlespiel erst nach und nach erschließt. Denn noch bevor das Staatsbad gegründet wurde, entwickelten sich die eigentlichen Anfänge Bad Oeynhausens an eben diesem Ort, als eine Solequelle im Bereich der heutigen Heinrichstraße entdeckt wurde. Bereits 1752 wurde dort der Siedebetrieb zur Salzgewinnung aufgenommen. Nördlich der Mindener Straße zogen sich bald mehrere Gradierwerke hin, die auf Veranlassung Friedrichs des Großen angelegt worden waren. Die neue Saline versorgte nun weite Gebiete von Minden-Ravensberg, Tecklenburg, Lingen und später Ostfriesland mit Speisesalz.

Die preußische Wirtschaftspolitik setzte auf die Zwangsabnahme von einheimischem Salz, während zusätzlich eingeführtes ausländisches Salz teuer besteuert wurde, um möglichst viel Geld im Staatsgebiet zu halten. Deswegen konnte die »Königliche Saline Neusalzwerk«, wie der Ort zunächst genannt wurde, die Salzproduktion für die gesamte Region übernehmen. Zur staatlichen Förderung dieser Anlage gehörten umfangreiche Infrastrukturmaßnahmen, um Wohnungen für Beamte, neue Wege und – wo nötig – Flussregulierungen zu schaffen; das natürliche Landschaftsbild erfuhr dabei nachhaltige Veränderungen. Im Zuge dieser Maßnahmen wurde 1753 auch das sogenannte »Sielwehr« errichtet. Es diente zum Stau der Werre, um einen flussaufwärts abzweigenden Kanal mit Wasser zu speisen, dessen Wasserkraft für die Saline genutzt wurde.

Seine Bezeichnung als »Kokturkanal« leitete sich von lat. coquere ab, denn das Kochen von salzhaltigem Wasser führte über die Verdunstung zu den gewünschten, immer stärkeren Salzkonzentrationen im Produktionsprozess. Später wurde die so gewonnene Sole nicht mehr zur Salzgewinnung, sondern für medizinische Anwendungen genutzt. Nach wie vor versorgte der Kokturkanal die für die Produktion benötigten Turbinen, doch mittlerweile war er zum Eigentum des Staatsbads geworden.

Preußisches Königsmonogramm en détail

Denn die Salzindustrie hatte per Zufall auch den Startschuss für das preußische Kurbad geliefert. Eigentlich hatte die Salzproduktion weiter gesteigert werden sollen, als man bei den Bohrungen des Berghauptmanns Freiherr von Oeynhausen statt auf das gesuchte Steinsalz plötzlich auf eine kohlensäurehaltige Thermalquelle stieß. Die Bohrarbeiten hatten wegen technischer Schwierigkeiten insgesamt 15 Jahre (1830 – 1845) gedauert, wobei ein Loch mit für damalige Verhältnisse gigantischen Ausmaßen entstand. Es fand sogar bei Alexander von Humboldt Erwähnung: *»Die größte relative Tiefe, welche die Menschen bisher erreicht haben, ist vielleicht das Bohrloch zu Neusalzwerk bei Preußisch Minden; sie betrug im Juni 1844 genau 604,4 m, die absolute Tiefe war 680 m.«*

Der freigelegte Sprudel mit einer Temperatur von 33 Grad Celsius war – im wahrsten Sinne des Wortes – Quelle und Ursprung des Staatsbades Oeynhausen. Auf Dauer waren die Bäderanwendungen im Thermalwasser erfolgreicher und lukrativer als die Salzproduktion: Nachdem die Zwangsabnahme von preußischem Salz durch den Norddeutschen Bund 1867 beseitigt und die Einfuhr von ausländischem Salz steuerfrei geworden war, erwies sich die Salzgewinnung vor Ort als nicht mehr rentabel und wurde letztlich eingestellt. Der Name »Kokturkanal« blieb allerdings im allgemeinen Sprachgebrauch erhalten. Heute erinnern ein wieder errichtetes Gradierwerk und das »Salz- und Zuckerland« im Sielpark an die enge Verbindung der Entwicklung Bad Oeynhausens – ehemals »Saline Neusalzwerk« – mit der preußischen Salzgewinnung.

▸ *Lesetipp: Johannes Henke, Bad Oeynhausen. Die historische Stadt mit Zukunft. Wissenswertes aus der Geschichte der Stadt in Wort und Bild, Horb am Neckar 1996, S. 20 – 37.*

Das Badehaus I im Bad Oeynhausener Kurpark

▸ *Lage: Das Badehaus I ist das nördlichste Gebäude im Bad Oeynhausener Kurpark; es liegt – von außerhalb des Kurparks gesehen – an der Herforder Straße, unmittelbar am Augusta-Platz.*

▸ *GPS: 52° 12‘ 12“ Nord 8° 47‘ 41“ Ost*

Das ehemalige *»Grosse Thermalbadehaus«*, heute schlicht Badehaus I, ist im Gebäudeensemble des Kurparks von Bad Oeynhausen leicht am Denkmal des Carl Freiherr von Oeynhausen zu erkennen, das direkt vor dem zweiflügeligen Gebäude platziert ist. Beide gehören eng zusammen, handelt es sich doch um das erste mit staatlicher Beihilfe gebaute Kurhaus und den eigentlichen Begründer des Kurbads.

Zwar hatten vorher bereits einzelne Bauern private Badegelegenheiten auf dem gleichen Gebiet angelegt, doch Berghauptmann Freiherr von Oeynhausen war es, der mit dem Jordansprudel die größte Thermalquelle der Gegend freigelegt hatte. Daraufhin verfasste er 1845 eine Denkschrift über deren möglichen Nutzen und gründete ein Kurbad. Am 24. Mai 1847 wurde per *»Kabinettsordre«* Friedrich Wilhelms IV. das Solbad bei Neusalzwerk als *»eine gemeinnützige Anstalt unter unmittelbarer Leitung des Staates«* bestimmt. Ein gutes Jahr später, am 25. August 1848, verfügte der König die Umbenennung des Kurortes in »Bad Oeynhausen«.

Das Badehaus ist demnach das älteste Gebäude im Kurpark. Von 1854 bis 1857 wurde es nach Plänen des Berliner Architekten Carl Ferdinand Busse, zugleich Direktor der preußischen Bauakademie zu Berlin, in spätklassizistischen Formen errichtet. Sein H-förmiger Grundriss war wegweisend; so konnten die Badezellen nach Geschlechtern getrennt angelegt werden und trotzdem die technischen Anlagen im Verbindungsstück teilen. In der zweiten Hälfte des 19. Jahrhunderts wurde der Baukomplex zum Prototyp des Badehauses schlechthin. Seine Qualität erschöpfte sich nicht im Praktischen, denn alle Räumlichkeiten waren zudem reich verziert: Während der Kuppelsaal römischen Thermenanlagen nachempfunden war, prunkten die Warteräume mit Landschaftsdarstellungen. Malereien, Ornamente und die eindrucksvolle Kuppel fanden seinerzeit besonderen Anklang. Leider wurde in den 1950er Jahren bei Renovierungsarbeiten – diese waren notwendig geworden, nachdem die britischen Truppen das Badehaus als Lagerraum genutzt hatten – kurzerhand alles mit weißem und hellgrauem Farbanstrich übertüncht.

Repräsentatives Badehaus mit der Büste des Begründers

Friedrich Wilhelm IV. hatte es sich seinerzeit nicht nehmen lassen, das prächtige Wannenbadehaus am 17. Mai 1857 selbst einzuweihen. Der König hatte nämlich zu den Baukosten aus dem Krontresor ein Darlehen von 100.000 Talern und später aus dem Schatullenvermögen eine Beihilfe von 30.000 Talern bewilligt; auch auf die Gestaltung hatte er persönlich Einfluss genommen. Seine Nachfolger Wilhelm I. und Wilhelm II. engagierten sich ebenfalls für das Staatsbad und gehörten dort zu den gern gesehenen Gästen. Als aufgeklärte Herrscher sahen sie in einer *»staatlichen Medicinalpolitik«* die Voraussetzung für belastbare Steuerzahler und Soldaten. Das Kurbad sollte dem Gemeinnutz dienen und zu einem Ort der

Heilung, Rekonvaleszenz und Erholung werden.

Auch das Bildungs- und Wirtschaftsbürgertum entdeckte den ökonomischen Wert der Gesundheit: Hauptklientel in Bad Oeynhausen waren die wohlhabenden Kaufmannsfrauen der Region – nur vierzehn Prozent der Kurgäste waren hier adligen Geschlechts, während beispielsweise in Bad Ems jeder dritte Gast von Adel war. Als sogenanntes *»Bedürfnisbad«* stand Bad Oeynhausen in Abgrenzung vom traditionellen *»Luxusbad«* mitten im Zentrum der zeitgenössischen Bäderbewegung. Im Zuge des Aufbaus eines modernen Sozial- und Gesundheitswesens rückte das Amüsement stärker in den Hintergrund; die Kurverwaltung schrieb über Bad Oeynhausen: *»Dieser Curort ist allmählich Heimath der Gelähmten geworden.«* Auch sozial Bedürftige sollten von den therapeutischen Einrichtungen profitieren können. Der positiven Resonanz der Nutzer standen allerdings die Sorgen der Gastwirte gegenüber, die angesichts einer Klientel aus Kranken, Bedürftigen und Dauergästen um ihre Einnahmen fürchteten. Abhilfe kam auf moderne Weise: Im Zuge der Einigungskriege gegen Dänemark (1864), Österreich (1866) und Frankreich (1870/71) verschickte der Staat zahlreiche versehrte Soldaten in die Bäder. Sie wurden in eigens aufgestellten Baracken untergebracht und trugen zur Steigerung der Bilanz erheblich bei. Bäder zur Rekonvaleszenz von Verwundeten standen hoch im Kurs; so wurde Bad Oeynhausen frühzeitig eine *»officielle Militärstation«*. Dieser Zusammenhang erklärt, warum der »Militärstaat Preußen« zugleich ein Bäderstaat war, wiewohl die damit verbundenen Assoziationen unterschiedlicher nicht sein könnten.

Die katholische Kirche am Kurpark in Bad Oeynhausen

‣ *Lage: Die Kirche St. Peter und Paul befindet sich am Rand des Bad Oeynhausener Kurparks; sie wird flankiert von der den Park im Westen begrenzenden Straße namens »Westkorso«.*
‣ *GPS: 52° 12' 6" Nord 8° 47' 32" Ost*

Die katholische Kirche St. Peter und Paul liegt im Zentrum von Bad Oeynhausen in unmittelbarer Nähe des Kurparks. Dort wurde sie auf Wunsch von Friedrich Wilhelm IV. simultan zur evangelischen errichtet. Interessanter als ihre stilgeschichtliche Zuordnung zum frühen Historismus ist wohl der Bezug zur Gesamtanlage des preußischen Staatsbads, das idealtypisch auf die grüne Wiese gestellt wurde, ohne auf die Bausubstanz einer bereits vorhandenen Ortschaft Rücksicht nehmen zu müssen. Ausgeführt zwischen 1871 und 1874, war sie Teil der stadtplanerisch notwendigen Infrastrukturerweiterung des Staatsbads.

Eine intensive Bauphase innerhalb des Kurparks hatte in den 60er Jahren des 19. Jahrhunderts begonnen, denn die Kur-

Gotteshaus nach Entwurf Friedrich August Stülers

gastfrequenz war angestiegen wie bisher nie: von gut zweitausend Kurgästen im Jahr 1857, dreieinhalbtausend im Jahr 1880, elftausend zur Jahrhundertwende hin zur Rekordmarke von 16.450 Besuchern im Jahr 1907. Aus diesem Grund erhielt das Kurhaus einen neuen Speisesaal, kamen Wandelbahn, Konzerthaus und Milchhalle hinzu, bis schließlich gegen Ende des Jahrhunderts Solbadehaus II und Thermalbadehaus II die Anwendungsmöglichkeiten auf modernsten Stand brachten.

Der kreuzförmige Kirchenbau mit den gotischen Formen war typisch für seinen Planer Friedrich August Stüler. Als preußischer Hofbaurat und Direktor der Schlossbaukommission gehörte er neben Lenné und Busse zum Kreis der Berliner Experten, die zur Planung des Staatsbades von Friedrich Wilhelm IV. herangezogen wurden. Sie alle waren Schinkel-Schüler. Der Kontakt wurde über Freiherr von Oeynhausen sichergestellt, der als »Geheimer Oberbergrat« seit Ende 1845 ebenfalls in Berlin weilte. Stüler wurde 1842 offiziell zum »Architekten des Königs« ernannt, auf dessen Wünsche er besonders einging. Bei *»den meisten Bauten begnügte sich der König nicht damit, dem Künstler nur Aufgaben zu stellen und die Bearbeitung seinem Talent zu überlassen, es drängte ihn zur lebendigsten Teilnahme an der Bearbeitung, wenn nicht zur Leitung derselben«*, wie zeitgenössische Quellen über das Verhältnis der beiden überlieferten. So tragen Stülers zahlreiche Kirchenbauten in Berlin wie in der Provinz die vom König favorisierten Züge italienischer Architektur. Seine Pläne für die beiden Bad Oeynhausener Kirchen erhielten ebenfalls von dort *»allerhöchste Zustimmung«*.

Den ersten Entwurf für das Doppelprojekt legte Stüler schon am 20. Mai 1858 vor. Von der Grundidee der konfessionellen Symmetrie her bestand eine Ähnlichkeit mit dem Kirchenensemble am Gendarmenmarkt in Berlin. Das war allerdings umso bemerkenswerter, als in Bad Oeynhausen der stattlichen Zahl von 1.700 evangelischen Gemeindemitgliedern nur 200 katholische gegenüberstanden. Deswegen wurde auch das spätere Gnadengeschenk von 30.000 Talern von Kaiser Wilhelm I. nicht gleichmäßig zwischen beiden Konfessionen geteilt, sondern für die Baukosten gemeinschaftlich genutzt. Die Fertigstellung der katholischen Kirche war mit knapp 20.000 Talern veranschlagt, die der evangelischen mit gut 30.000. Der Rest wurde von den Gemeinden durch Kollekten aufgebracht. Die Bauplätze hatte der König persönlich im Sinne der Gleichbehandlung ausgesucht: Die evangelische Kirche kam an den Ostkorso, die katholische an den Westkorso, beide in gleichem Abstand von der Herforder Chaussee und den Badehäusern.

Erst 1874 wurden beide Stüler-Kirchen fertig gestellt, denn zweimal war es zum Baustopp wegen der Kriege von 1864/66 und 1870/71 gekommen. Der evangelische Kirchenbau ist heute allerdings nicht mehr vorhanden; er brannte 1947 ab. Seine Architekturgeschichte ist von baulichen Mängeln geprägt. Schon 1873 schrieb der Superintendent in einem Bericht: »*Überaus beklagenswert ist der evangelische Kirchenbau zu Oeynhausen. Der bereits bis zur Spitze des Kirchendaches ausgeführte Turm hat schon jetzt Risse in den unteren Mauerteilen bekommen, so dass der Bau bis auf Weiteres hat eingestellt werden müssen.*« Weil der Staat das Presbyterium an den Planungen überhaupt nicht beteiligt hatte, war er außerdem von Anfang an in der evangelischen Gemeinde unbeliebt. Sie zog den Betsaal am Kurhaus vor, der schließlich vom Staatsbad gekündigt wurde, um die Nutzung der Kirche zu erzwingen. Die Idee der konfessionellen Gleichberechtigung – ein im Kulturkampf halbherzig genutztes Instrument zur königlichen Selbstdarstellung – trieb in Bad Oeynhausen seltsame Stilblüten.

- *Lesetipp: Baldur Köster, Bad Oeynhausen. Ein Architekturmuseum des 19. Jahrhunderts, München 1985, S. 35 – 41.*
- *Rico Quaschny, Stadtführer Bad Oeynhausen. Stadtgeschichte – Streifzüge – Stadtteile, Bielefeld 2008, S. 61 – 62.*

Die Autobahnkirche von Exter an der A2

- *Lage: Die Autobahnkirche befindet sich nördlich vom Ortskern des Vlothoer Stadtteils Exter. Dieser liegt etwa in der Mitte zwischen Herford und Vlotho an der Landstraße L 778.*
- *GPS: 52° 8‘ 25“ Nord 8° 46‘ 47“ Ost*

In unmittelbarer Nähe zur Ausfahrt »Exter« am Autobahnabschnitt zwischen Bielefeld und Hannover liegt die als evangelische Autobahnkirche genutzte Dorfkirche von Exter. Von beiden Fahrtrichtungen der Autobahn aus ist sie über Abfahrten in kürzester Zeit erreichbar. Die großen Parkplätze für PKW, Lastwagen und Busse vor der Kirche sowie ein Spielplatz mit Picknicktischen verweisen auf eine autofreundliche Funktion, während der kleine, weißgetünchte Kirchenbau selbst inmitten

Mit preußischen Staatsgeldern finanziert: der Kirchturm stammt noch original aus dem Jahr 1666

Kurhut, Monogramm und Jahreszahl zeigen: vom Großen Kurfürsten genehmigt

des alten Friedhofs nichts davon erahnen lässt.

Der Wappenstein über dem Turmeingang der Kirche zeigt, dass ihre Errichtung durch den Großen Kurfürsten genehmigt wurde. Deswegen trägt der Stein das Monogramm »FWc« unter dem fürstlichen Kurhut und die Jahreszahl »1666«. Der massive Turm samt Kanzel und Empore stammt noch von dem ursprünglichen Gebäude, während das baufällige Kirchenschiff aus Fachwerk im Jahr 1951 durch einen Steinbau ersetzt wurde.

Ebenfalls erhalten hat sich ein Brief der Einwohner der Bauerschaft Exter vom 11. Juni 1666 an den Landesfürsten Friedrich Wilhelm mit der Bitte, *»unß die Auffbawung einer eigenen Kirchen, mitten in unserer Baurschaft, gnädigst zu verwilligen.«* Denn der Kirchweg bis nach Herford sei weit und zudem in schlechtem Zustand. Die Bittsteller klagten, dass sie dadurch vom Kirchenbesuch abgehalten würden. Aufgrund der starken Bevölkerungszunahme in Exter unterstützte die oberste

Kirchenbehörde der Grafschaft Ravensberg, das Konsistorium in Bielefeld, diesen Vorstoß.

Schon am 2. August 1666, kaum zwei Monate nach dem Bittgesuch, genehmigte der Große Kurfürst den Bau einer Kirche in Exter. Seine Zustimmung führte zu einer Versammlung am 16. August, in der die Einwohner den Neubau und die Einrichtung einer Pfarrei beschlossen und die Modalitäten klärten. In nur drei Monaten wurde die Kirche errichtet; so konnte noch im gleichen Jahr am 21. November 1666 der erste Pastor von Exter, Gerhard Arcularius, eingeführt werden.

Mit dem benachbarten Pfarrer zu Stift Berg und der Äbtissin von Herford kamen aber Streitigkeiten um die Zugehörigkeit der Gemeindeglieder auf. Bisher hatte die Bauerschaft Exter zum Kirchspiel Stift Berg in Herford gehört. Immerhin sechzehn Bauern im neuen Einzugsgebiet zählten sich im Verlauf der Auseinandersetzung weiterhin zur alten Kirche. Sie besaßen vierzig Prozent der Nutzfläche in Exter – und trugen also nichts zum Unterhalt des neuen Pastors bei. So blieben die Einkünfte der neuen Gemeinde außerordentlich gering, weshalb die meisten Pastoren Exter nach nur wenigen Jahren wieder verließen.

Wegen derartiger finanzieller Ungereimtheiten waren Gemeindeneugründungen generell nicht unproblematisch, aber in Preußen war die Beförderung der Religion ein erklärtes Staatsziel. In diesem Fall spielte zudem wohl auch eine Rolle, dass es einen – wenn auch geringen - Machtzuwachs bedeutete, wenn die Exteraner Untertanen den aufmüpfigen Herfordern, die erst 1652 endgültig militärisch unterworfen worden waren, kirchenpolitisch entzogen wurden. Der Wappenstein über dem Turmeingang verweist auf dieses staatliche Interesse an der kirchlichen Eigenständigkeit von Exter.

Die zusätzliche Nutzung der Gemeindekirche als Autobahnkirche begann 1959, ein Jahr nachdem die erste Autobahnkirche in Deutschland an der A8 fertiggestellt worden war; jene katholische Kirche mit dem klangvollen Namen »Maria, Schutz der Reisenden« diente den Verantwortlichen der Evangelischen Landeskirche in Bielefeld als Anregung. Beim Versuch, in Exter Gottesdienste speziell für Reisende abzuhalten, stellte sich jedoch schnell heraus, dass feste Zeiten mit den Bedürfnissen der Reisenden nicht zu vereinbaren waren. Deswegen werden die Gottesdienste wieder an den üblichen Feiertagen abgehalten. Hier scheint eine Parallele zur Situation vor 300 Jahren auf: Der Impuls, Kirchenräume zu schaffen, die gesellschaftlichen Veränderungen Rechnung tragen, trifft manchmal auf wenig Gegenliebe bei den Nutzern. Zeit und Geld geben in praxis häufig erst die Richtung vor.

- *Lesetipp: Evangelisch-lutherische Kirchengemeinde Exter, in: Kirchenkreis Vlotho (Hrsg.): Kirche an Weser und Werre. 150 Jahre Kirchenkreis Vlotho, Bad Oeynhausen 1991, S. 114.*
- *Martin Lackner, Die Kirchenpolitik des Großen Kurfürsten, Witten 1973.*

Die frühere Papiermühle in Vlotho-Bonneberg

- *Lage: Der Ortsteil Bonneberg liegt westlich von Vlotho; das alte Fachwerkwerkhaus der ehemaligen Papiermühle steht an der Ecke Bonneberger Straße / Am Bullerbach.*
- *GPS: 52° 9' 35" Nord 8° 50' 42" Ost*

Im Jahr 1800 errichtetes Wohnhaus an der Papiermühle

Das zweistöckige Fachwerkgebäude im Vlothoer Stadtteil Bonneberg mit dem preußischen Adler im Torbalken gehört zur ältesten Papiermühle der Grafschaft Ravensberg, die bis Anfang des 18. Jahrhunderts auch die einzige blieb. Ihr Standort war Programm: Vlotho, oft »Stadt der Mühlen« genannt, verfügte an Linnenbeeke und Forellenbach über insgesamt zwanzig mit Wasserkraft betriebene Mühlen. An den Zuläufen der Bäche gab es weitere Mühlenstandorte. Aufgrund der besonderen Topografie – über 200 Meter Höhenunterschied zwischen Krummer Mühle am Bonstapel und Klostermühle an der Weser – konnte eine Vielzahl von mit Wasserkraft betriebenen Mahlwerken und sonstigen Stationen errichtet werden. So gab es neben den üblichen Getreide-, Öl- und Graupenmühlen noch eine mit Wasserkraft betriebene Hammerschmiede – und die erwähnte Mühle am Bullerbach zur Papierproduktion. Dafür wurde im Jahr 1571 von Herzog Wilhelm von Jülich, Kleve und Berg das landesherrliche Privileg erteilt. Doch steht zu vermuten – wie das Vlothoer Wasserzeichen auf einem Schreiben von 1567 nahe legt –, dass die Mühle schon mindestens vier Jahre zuvor ihre Produktion aufgenommen hatte. Der aus Lemgo stammende Erbauer verpachtete die Mühle an einen Papiermeister namens Schmidt. Über diesen gab der *»gewesene Papiermeisters* *zu Bentrup«* 1641 zu Protokoll: *»Der Meister, so die Heiligentorfer [Hillentrupper] Mühlen begehre und mehr dan der itziger dafür geben wolle, wohne in Flottow, heiße Curdt Schmidt und seie des zu Kaldorf Bruder.«* Die Schmidts betrieben demnach gleich mehrere Mühlen in der Region.

berg. Das begehrte Recht bestand darin, in diesen Landesteilen Lumpen als wichtigen Rohstoff zur Papierproduktion sammeln lassen zu können – für eine Gebühr von 30 Talern, die später auf 37 erhöht wurde.

Bürgermeister Mühlenfeld hatte die wirtschaftlichen Chancen erkannt, wollte die

Preußenadler als sterbender Schwan: um 1800 war die Mühle schon ohne exklusives Lumpenprivileg

Nachweislich blieb die Papiermühle von Vlotho bis 1760 – für nahezu 200 Jahre – im Besitz der besagten Müllerfamilie.

Danach, im Jahr 1765, wurde der Vlothoer Bürgermeister Johann Heinrich Mühlenfeld Eigner und ließ die Mühle erweitern. Weil die Kriegs- und Domänenkammer zu Minden in der neu in Stand gesetzten Mühle Chancen zur Beförderung der Industrie sah, überließ sie Mühlenfeld das Lumpenprivileg für Minden-Ravens-

Mühle aber selbst nicht betreiben. So verpachtete er ebenfalls: Der Nürnberger Paulus Haneweg übernahm ab 1783 für eine jährliche Pachtsumme von 200 Talern, nachdem er die Witwe des vorherigen Meisters geheiratet hatte. Nach 15 Jahren erwarb er die Mühle nebst angrenzender Grundstücke für 7.800 Taler selbst. Im Jahr 1800 stattete er den Betrieb mit einem neuen Wohnhaus aus und ließ jenen preußischen Adler ins Fachwerk setzen, der heute noch zu sehen ist. Doch dieser brachte ihm kein Glück; seine anschließende Bitte um staatliche Unterstützung für das Gebäude und eine durch Hochwasser zerstörte Mühlenanlage blieb erfolglos.

Aus dem Jahr 1808 ist eine Klage Hanewegs über den Mangel an Schafsknochen erhalten, aus denen der Leim für die Papierproduktion hergestellt wurde. Der preußischen Kriegs- und Domänenkammer gegenüber bemängelte der Papiermeister, dass auswärtige Papiermühlen das Privilegium *»der in ihren Gegenden vorfallenden Schafbeine«* hätten, während im Minden-Ravensbergischen die Felle samt Knochen ins Ausland verkauft würden. Deswegen bat er um eine ähnliche Schutzregel und schlug vor, die Akzisekammer anzuweisen, künftig den zur Papierproduktion nötigen Rohstoff nicht mehr anzunehmen.

Erneut wurde er abschlägig beschieden. Hierbei spielte sicher eine Rolle, dass seit 1799 eine weitere Papiermühle bei Bielefeld-Hillegossen arbeitete, der die Domänenkammer ein Drittel des Mühlenfeldschen Lumpenprivilegs bereits übertragen hatte. Der Erfolg dieser später als »Feldmühle« bekannten Papierfabrik von Georg Friedrich Halbrock war nicht nur prägend für die Menschen im Hillegosser Umland. Damit verbunden war auch das Ende jener staatlichen Förderung der Vlothoer Mühle, die den Import von Papier für den wachsenden Papierbedarf in Minden-Ravensberg verhindern sollte. Die Mühle mit dem Fachwerkhaus am Bonneberg lief auf kleiner Flamme weiter und wurde 1966 endgültig eingestellt, während der Hillegosser Betrieb extrem expandierte. Seine gewaltige Fabrikanlage direkt an der A2, die seit 1999 dem Papierhersteller Mitsubishi gehört, lässt nicht erahnen, dass alles mit dem Bruchteil eines preußischen Privilegs begann.

▸ Lesetipp: Otto Werth, Die Papiermühlen der Grafschaft Ravensberg, in: Jahresbericht des Historischen Vereins der Grafschaft Ravensberg 16 (1902), S. 24 – 35.

Die Grabsteine vom alten jüdischen Friedhof in Vlotho

▸ Lage: Die Grabsteine befinden sich nicht mehr am ursprünglichen Ort; sie sind heute auf dem neuen jüdischen Friedhof gegenüber dem evangelischen Friedhof an der Wasserstraße zu finden.
▸ GPS: 52° 9‘ 39“ Nord 8° 51‘ 25“ Ost

Auch schlechte Zeiten haben die Grabsteine vom jüdischen Friedhof in Vlotho an der Wasserstraße überdauert. Der älteste noch erhaltene datiert von 1713. Seine hebräische Inschrift lautet: *»Hier ist verborgen der greise und erhabene seine Ehren Herr Juda, Sohn des Jaakow Koppel, sein Andenken zum Segen … Er wurde genannt im Munde aller Juda Plaut.«*

Die im Linnenländchen Ravensberg lebenden Juden waren häufig in den Garn- und Leinenhandel eingespannt. Ein Gutachten des Geheimrats W. Duhram an den preußischen König vom 12. März 1722 vermeldet als positive Funktion der Juden für Vlotho, dass *»die armen Spinner auf dem Lande ihr Garn eher bei den dortigen Juden als bei den Christen anbringen können, von denen sie auch einen höheren Preis als von jenen erhalten.«* Zur gleichen Zeit beschwerten sich in Bielefeld christliche Kaufleute über ihre jüdischen Kollegen und wollten erwirken, dass ihnen der Handel mit Leinenprodukten verboten werde. Für sie bedeutete die Niederlassung eines privilegierten Juden unliebsame Konkurrenz; dies wurde als Eingriff in bestehende Verhältnisse kritisiert.

Der preußische König versprach sich aber eine Belebung der Wirtschaft und zusätzliche Einnahmequellen, wenn er die Juden unter seine Herrschaft nahm. Ein Vlothoer Judenschutzbrief vom 8. September 1690 dokumentiert diese Zusammenhänge exemplarisch: *»Wir, Friedrich der Dritte, von Gottes Gnaden, Markgraf zu Brandenburg, des Heyl. Römischen Reichs Erz-Cämmerer und Churfürst in Preußen [...] fügen hiermit zu wissen, dass wir den Juden Israel Spanier, zum vergeleiteten Juden in unser Flecken Vlotho, Grafschaft Ravensberg, in Gnaden angenommen haben.«* Ziel sei es, dass die Privilegien *»alle denen übrigen Juden in gedachter unserer Grafschaft Ravensberg zu gelassener Handlung treiben mögen [...] und das gewohnliche Schutzgeld zu gehöriger Zeit jedes Mal richtig abstatten, welchenfalls unsere Ravensbg. Ambtskammer und der Drost zu Vlotho ihn bei diesem Geleitspatent zu schützen«* verpflichtet wurden. Neben dem hier erwähnten jährlichen Schutzgeld war außerdem bei Heirat, Erbschaft und Tod eines Familienmitglieds ein Gulden an den König zu entrichten. Auch zahlten die Schutzjuden sogenanntes *»Rekrutengeld«*, *»Kalendergeld«* und einen Beitrag für die Armenkasse.

Aufgereiht an neuem Standort: alte Grabsteine vom »Judenbrink«

Bei Regierungsantritt des »Soldatenkönigs« Friedrich Wilhelm I. – just in jenem Jahr, aus dem der älteste Vlothoer Grabstein stammt – musste die Judenschaft Preußens zusätzlich eine Summe von 20.000

Reichstalern aufbringen; ansonsten hätten sie das Land verlassen müssen. Mit den königlichen Patenten wurde ihnen im Gegenzug das Recht eingeräumt, sich vor Ort häuslich niederzulassen und Handel zu betreiben. Die Ausweitung der jüdischen Siedlungsrechte in der Grafschaft Ravensberg war Bestandteil der preußischen Toleranz- und Wirtschaftspolitik. Für Vlotho ist durch die erhaltenen Schutzbriefe von 1690 belegt, dass wenigstens zwei weitere jüdische Familien zu dieser Zeit dort ansässig waren: Jobst Jakob und die Witwe von Salomon Levis.

Doch auch schon zuvor haben Juden in Vlotho gelebt; so ist bereits 1680 die Bezeichnung »Judenbrink« für den Ostabhang des Amtshausberges bezeugt. Hier, auf dem steil abfallenden Gelände des Obergs, sind unter Wildwuchs noch letzte steinerne Zeugen jüdischer Kultur verborgen – denn bis 1850 lag hier der alte jüdische Friedhof. Der Großteil der besser erhaltenen Grabsteine wurde nach dem Zweiten Weltkrieg an den »neuen« jüdischen Gottesacker verlegt, der 1854 an der Wasserstraße – genau gegenüber dem evangelischen Friedhof – eingeweiht wurde. Heute wirkt diese mit Hecken eingehegte Grünfläche samt den davor aufgereihten Grabsteinen wie ein Museum unter freiem Himmel. Sie verweist auf die wechselvolle Geschichte ostwestfälischer Juden, die vom Staate Preußen – wenn auch nicht uneigennützig – eine soziale Nische zugewiesen bekamen, die ihnen die offizielle Teilhabe am gesellschaftlichen Leben ermöglichte.

▸ *Lesetipp: Andreas Liehr, Söhren Tasche, Das Schicksal der Juden in Brandenburg-Preußen und die preußische Toleranz, in: Birgit Kletzin (Hrsg.), Fremde in Brandenburg. Von Hugenotten, sozialistischen Vertragsarbeitern und rechtem Feindbild, Münster 2003, S. 113–133.*

Die evangelisch-reformierte Johanniskirche in Vlotho

▸ *Lage: Die hell gestrichene St.-Johannis-Kirche liegt mitten im beschaulichen Vlothoer Ortskern an der Langen Straße, die Hauptachse und Fußgängerzone der Altstadt ist.*
▸ *GPS: 52° 10‘ 6“ Nord 8° 51‘ 43“ Ost*

Die kleine Kirche am Marktplatz in Vlotho, die eine goldfarbene lippische Rose über dem Eingang ziert, wurde 1783 mit finanzieller Hilfe des preußischen Königs Friedrich II. errichtet. Sie gab damals wie heute der einzigen reformierten Gemeinde im Kirchenkreis Vlotho Raum für ihren Gottesdienst. Nach dem Vorbild der Garnisonskirche in Potsdam hat die Kirche die Form eines Achtecks. Sie ist im Innern schlicht gehalten, um nach reformierter Sitte Kanzel und Predigt in den Mittelpunkt zu rücken. Bis heute prägt die angedeutete Halbkreisform der Holzbänke

Die lippische Rose verweist auf reformierte »Einwanderer« aus der benachbarten Grafschaft

das Kirchenschiff. Die Gemeindeglieder, die verstreut im Stadtgebiet und den angrenzenden Ortschaften wohnen, pflegen engen Kontakt zu den reformierten Partnergemeinden in Lippe, wo die Wiege der reformierten Gemeinde Vlothos liegt: Im Jahr 1732 schlossen sich zugewanderte Reformierte aus Lippe im Einzugsbereich der Stadt erstmals offiziell zusammen.

Schon um 1700 hatten sich erste *»Untertanen der benachbarten Grafschaft Lippe«* aus wirtschaftlichen Gründen in der Gegend um Vlotho niedergelassen. Sie hielten ihre eigenen gottesdienstlichen Versammlungen nach reformiertem Ritus ab, wobei die Feier des heiligen Abendmahls eine besondere Rolle spielte. Dafür kamen extra Prediger der reformierten Kirchengemeinde der Stadt Minden, später aus dem lippischen Dorf Langenholzhausen nach Vlotho. Am Anfang traf sich die Gemeinde noch in Privatwohnungen, später im Bürgersaal des Rathauses. Doch die Zahl der Gemeindeglieder wuchs schnell, und der Bürgersaal war bald zu klein für die kirchlichen Bedürfnisse geworden. Deswegen beantragte die reformierte Gemeinde mehrfach, die Abendmahlsfeier wenigstens viermal im Jahr in der lutherischen Kirche abhalten zu dürfen, was jedoch von der alteingesessenen evangelischen Gemeinde Vlothos stets abgelehnt wurde. Selbst eine mahnende Intervention des preußischen Königs Friedrich II. zugunsten der Reformierten blieb in dieser Sache erfolglos.

Wenn sie größere Gottesdienste durchführen wollten, mussten die reformierten Gläubigen also Mittel aufbringen, um eine eigene Kirche zu erbauen. Zu diesem Zweck gestattete ihnen der König, Haus- und Kirchenkollekten abzuhalten. Doch deren Ertrag in Höhe von 300 Talern reichte kaum aus, solch ein Projekt zu realisieren. Hilfe kam schließlich auf unerwartete Weise: 1781 starb einer der Hauptgegner einer Mitnutzung der lutherischen Kirche, der Schiffer C. Rethemeier. Dem preußischen Staat standen aus seinem Nachlass 800 Taler zur Verfügung. Pikanterweise bestimmte der König nun, dass eben dieses Geld der reformierten Gemeinde Vlothos *»zur Bauhülfe ihrer Kirche«* geschenkt werde. So kaufte die Gemeinde am 12. April 1782 das Haus Nr. 136 am Markt in Vlotho

St. Johannis in Vlotho

mit Scheune und Garten für 1.100 Taler. Der Garten diente als Bauplatz für die Kirche, und die Grundsteinlegung am 29. April wurde mit einer großen Feier begangen. Schon anderthalb Jahre später konnte die Einweihung des Gotteshauses stattfinden. Die Baukosten betrugen 3.105 Taler, 23 Groschen und 3 Pfennige.

Rund ein halbes Jahrhundert später nahm die reformierte Gemeinde durch Verfügung des königlichen Ministeriums vom 2. Oktober 1830 den Namen St. Johannis an, während die lutherische den Namen St. Stephan zugewiesen bekam. Das Verhältnis beider Gemeinden untereinander hatte sich mittlerweile gebessert und einstimmig traten sie der Union der vereinigten lutherischen und reformierten Kirchen bei. 1884 erhielt die Kirche ihren Kirchturm, dessen Glocken aus einem Kanonenrohr gegossen wurden, welches im Krieg 1870/71 von den Franzosen erbeutet worden war. Im Ersten Weltkrieg wurden sie wieder zu Kanonen umgegossen, weswegen für die heutigen Glocken im Jahr 1925 erneut gesammelt werden musste. Das wechselvolle Schicksal der Kirchenglocken von St. Johannis liefert damit ein anschauliches Zeugnis von der engen Verzahnung zwischen preußischem Staat und reformierter Gemeinde, was nicht nur für Vlotho typisch war.

- *Lesetipp: Karl Grossmann, Die reformierte St.-Johannis-Gemeinde, in: ders., Geschichte der Stadt Vlotho, Vlotho 1971, S. 334 – 335.*
- *Christopher Clarke, Preußen. Aufstieg und Niedergang. 1600 – 1947, München 2007, S. 171 – 175.*

Das ehemals königliche Amtsgericht in Vlotho

- *Lage: Das Gebäude des ehemaligen Amtsgerichts liegt an der Langen Straße 112 in Vlotho.*
- *GPS: 52° 10‘ 1“ Nord 8° 51‘ 39“ Ost*

Das ehemalige Amtsgericht an der Langen Straße in Vlotho, das an der linken Seitenfront eine Gedenktafel für seinen weithin berühmten Gerichtsdirektor Waldeck trägt, ist ein klassizistischer Bau aus der Mitte des 19. Jahrhunderts. Schon die Existenz dieses zweigeschossigen Gebäudes im beschaulichen Vlotho verweist auf das besondere Engagement des preußischen Staates im Justizwesen seiner Provinzen. So war das Grundstück von der Justizverwaltung angekauft worden, wie ein Auszug aus dem alten Grundbuch Vlothos vermerkt: *»Lt. Autorisation des Ober-Landes-Gerichts zu Paderborn vom 28. August 1841 mit der Witwe Doctorin Schrader [...], wonach der Justiz-Fiscus diese Realitäten nebst den Ansprüchen an der ungetheilten Vlothoer Gemeinheit für 5.350 Thaler angekauft hat.«*

Dieses Geld war gut investiert. Denn ein wichtiger Aspekt preußischer Staatskunst war ein hohes Maß an Rechtsstaatlichkeit,

Franz Leo Benedikt Waldeck sprach hier Recht: altes Amtsgericht in Vlotho

das sich bereits unter Friedrich dem Großen in vorbildlicher Weise herausgebildet hatte. Durch verschiedene Maßnahmen schuf Preußen im 18. Jahrhundert eine Justiz, die es auch dem einfachen Bürger ermöglichte, sich vor Gericht gegen Willkürmaßnahmen des absolutistischen Staates zu wehren. So konnten preußische Untertanen beispielsweise zum Schutz ihrer Rechte direkt das Berliner Kammergericht anrufen.

Nach den Befreiungskriegen wurde dieser Trend 1815 fortgesetzt, indem im gesamten Königreich Preußen lokale Land- und Stadtgerichte eingerichtet wurden. Damals erhielt auch Vlotho ein mit drei Richtern besetztes Gericht. Sein erster Leiter Georg Müller war schon früher als Justizamtmann beim Pächter des Amtes Vlotho im Einsatz gewesen, außerdem als Friedensrichter im Königreich Westfalen. Damals war das Vlothoer Gericht noch im alten Amtshof in der Weserstraße beheimatet. Aus dieser Zeit stammt auch die per Gedenktafel überlieferte Kunde vom bekanntesten preußischen Beamten, der je in Vlotho eingesetzt war: Franz Leo Benedikt Waldeck wurde berühmt als »Märtyrer« für die Demokratie.

Der in Münster geborene Waldeck (1802 – 1870) galt als führender Kopf der preußischen Demokraten. Er war stets pro Preußen gewesen und geblieben. Trotz aller Enttäuschung sagte er von sich, er glaube, dass *»wir [gemeint sind die Preußen] immer noch das Volk sind, welches die Spitze von Deutschland führt und welches die Einheit Deutschlands allein herbeiführen kann.«* Waldeck war von 1832 bis 1836 als Landgerichtsdirektor am Land- und Stadtgericht Vlotho tätig. 1844 ging er als Obertribunalrat an den höchsten preußischen Gerichtshof in Berlin; von dort aus wurde er 1848 Mitglied der Frankfurter Nationalversammlung, wo er als Verfassungspolitiker seine größten Verdienste erwarb.

Nach der Auflösung des Parlaments durch die Gegenrevolution in Preußen wurde er am 16. Mai 1849 verhaftet und erhielt erst am 13. November die Anklageschrift als Mittäter an einem »hochverrätherischen Unternehmen«. Die dahinter stehende Absicht, ihn vor ein Kriegsgericht zu stellen, konnte mangels fehlender Beweise aber nicht umgesetzt werden. Da Waldecks Verhaftung größte Aufregung hervorgerufen hatte, blieb nur, ihn dem Geschworenengericht vorzuführen. Nach mehr als sechs Monaten strenger Haft wurde er unter Jubel der Berliner Bevölkerung mit einem Freispruch entlassen. Waldeck blieb seiner westfälischen Herkunft verbunden und ließ sich noch 1861 für den Wahlkreis Bielefeld in den Landtag wählen. Im Zimmer des aufsichtführenden Richters in Vlotho hing stets ein Bildnis Waldecks.

Bei der Neuorganisierung des preußischen Gerichtswesens nach den revolutionären Umwälzungen verlor das Vlothoer Gericht 1849 vorübergehend seine Selbständigkeit und wurde Zweigstelle des neu errichteten Herforder Kreisgerichts. Als nach der Reichsgründung 1878 neue Reichsjustizgesetze erlassen wurden, erhielt Vlotho nach dreißig Jahren die Bezeichnung »Königliches Amtsgericht« zurück. Es war vor Ort bis 1975 als Behörde aktiv, zum Schluss allerdings nur noch als Teil des Amtsgerichts Bad Oeynhausen, zu dem sich die Vlothoer bis heute begeben müssen, wenn sie vor Gericht geladen werden.

Die »preußische« Dichte von Anlaufstellen der Justiz ist nie wieder erreicht worden. Diese beachtenswerte Ausprägung preußischer Rechtspflege im 19. Jahrhundert steht dem Stereotyp vom »preußischen Untertanengeist« der Kaiserzeit gegenüber. Denn hier zeigten Richter und Mitglieder der königlichen Regierung ein erhebliches Maß an Unabhängigkeit in ihrer Funktion als judikative Kraft des Staates.

▸ Lesetipp: Karl Grossmann, Amtsgericht, in: ders., Geschichte der Stadt Vlotho, Vlotho 1971, S. 284 – 285.

GRAFSCH
Warmsen
Seegeberg
Stelhorst
Bohnhorst
Gliese
Heuerförde
Westenfeldt
Diepenau
Amt Uchte
Brüninghorstede
Mäslingen
Mindner Wald
PETERSHAGEN
Bobbel
Buchholz
Großen Heers
Hovern
Ovenstädt
Windheim
Jössen
Lahde
Frille
Oppenwehde
Oppendorf
Hardenfeld
Wedem
Mesenkamp
die Bauer
Kleinendorf
Kahden
Nutteln
schaft
Mittwald Holz
Gute
Moraft
Destel
Wehe
Tonnenheyde
Wickriede
Dreierskrug
Holzhausen
Friedewald
Gutfelde
Colonie
Hille
Trottheim
Stemmern
Toellenhof
Nordhemmern
Kuttenhausen
Südhemmern
Hartum
Wietersheim
Aminghausen
Hasenkamp
Benkhausen
Benckhausen
Nettelstadt
Eickhorst
auf der Heyde
Hahn
MINDEN
LUBCKE
Gettmold
Hüffen
Blasheim
Stockhausen
Engershausen
OLDENDORF
Ahlsen
Hüllhorst
Schnadhorst
Wolmerdingsen
Bergkirchen
Haddenhausen
Dankelmann
Nammen
Meissen
Lehrbeck
Lübbecke
Buttingdorf
Tenningern
Brodshausen
Holzhausen
HAUSBERGE
Birnghausen
Stückenhoren
Quernheim
Closterheide
Altenhuffen
Kirchlenningern
Hevern
Uhlenburg
Halftern
Menning
Lehmkuhl
Dehme
Vennebeck
Veltheim
Schierholz
Weser
Rehme
Obernbeck
Lehne
Knolle
Sprado
Stanlacke
Gewinghausen
BÜNDE
Südlengern
Gohfeld
Doepenbrock
Bischofshagen
Falkendiek
VLOTHO
Varenholz
Wittel
Exter
Valldorf
Salterwische
Caldorf
Hebinghausen
Klemme
Krichsmeyer
Pöhlen
Steinbeck
Harkemissen
Hohenhausen
Hiddenhausen
Eilshausen
Dreyen
ENGER
Spenge
HERFORD
Baum
UFFELN
Ribbentrap
Schottmar
Jöllenbeck
Biemsen
Hellen
GRAFSCHAF
1
2
3
4
5
6
7

Route 6

Preußisch Oldendorf, Lübbecke, Bergkirchen und Porta Westfalica

Gut Hollwinkel bei Preußisch Oldendorf

- *Lage: Gut Hollwinkel liegt nördlich des Wiehengebirges zwischen Preußisch Oldendorf und Lübbecke am Südufer des Mittellandkanals; in der Nähe überquert die L 773 bei Lübbecke-Alswede den Kanal.*
- *GPS: 52° 20' 31" Nord 8° 32' 43" Ost*

Märchenhafter Stilmix: verschiedene Epochen prägten Gut Hollwinkel

Dreimal Preußen steckt in diesem Ort: Das Gut Hollwinkel in Preußisch Oldendorf wurde im 18. Jahrhundert zur preußischen Domäne und war Alterswohnsitz des preußischen Steuerministers von der Horst, dessen Denkmal sich bis heute im Park befindet. Seine Tochter Wilhelmine hatte die Gedenksäule ursprünglich am Geburtsort von der Horsts in Haldem errichtet, doch die Verbindung der Familie zu

Hollwinkel sollte sich auf Dauer gesehen als beständiger erweisen.

Der Name des ehemaligen Ritterguts geht vermutlich auf die Adelsfamilie von Holle aus Hildesheim zurück, die sich im Mittelalter im Bistum Minden ansiedelte. Die Burg war im 13. Jahrhundert auf Betreiben der Mindener Bischöfe als westlicher Vorposten gegen die Grafschaft Ravensberg und das Bistum Osnabrück errichtet worden. Die später vierflügelig ausgebaute Anlage zeigt Elemente verschiedener Architekturepochen: Während die Vorderansicht im »altdeutschen Stil« mit Fachwerk ergänzt wurde, blieb der wuchtige mittelalterliche Wohnturm beim Umbau des Frontflügels in den Jahren 1870 bis 1873 als Kernstück erhalten. In die Schlossmauern sind Grabplatten des ausgehenden 16. Jahrhunderts eingelassen, deren Wappenschmuck die verwandtschaftlichen Beziehungen des heimischen Adels spiegelt.

Im Jahr 1758 fiel Hollwinkel an Friedrich II. von Preußen, der es dem Freiherrn von Asseburg übertrug. Dieser verkaufte das Hofgut mit königlicher Zustimmung an Minister von der Horst, der im preußischen Dienst zu höchsten Staatsämtern aufgestiegen war.

Julius August Freiherr von der Horst wurde 1723 zu Haldem, heute Stemwede, geboren. Er begann seine Karriere 1746 bei der Kriegs- und Domänenkammer in Minden. Auf Grund besonderer Befähigung wurde er 1763 zum Kammerpräsidenten der brandenburgischen Kurmark, dem Stammland der Hohenzollern, ernannt. Dort gelang es ihm, das im Siebenjährigen Krieg lahmgelegte Wirtschaftsleben wieder aufzurichten und zu regulieren. Am 13. Juli 1766 stieg er wegen dieser Verdienste zum Staatsminister und Chef des IV. Departements (Akzise und Zoll) des Generaldirektoriums auf. Nur ein Jahr später wurde er zugleich Chef des V. Departements (Fabriken).

Als sogenannter *»wirklicher geheimer Etats-Kriegsrat, Vizepräsident und dirigierender Minister im Generaldirektorium«* bewohnte er einen Teil des Schlosses Bellevue in Berlin, dessen Park bis an die Spree reichte. Weil allgemein bekannt war, dass er dort gern Vergnügungsfahrten unter-

Dem Vater ein Denkmal gesetzt

nahm, schenkte ihm Friedrich der Große als Zeichen seiner Wertschätzung einige Dekorationskanonen für sein Boot, die heute im Lübbecker Stadtmuseum zu bewundern sind.

In den westfälischen Territorien machte sich von der Horst um die Beseitigung der problematischen und verhassten Steuerverwaltung nach französischem Muster verdient. Als er Jahre später seinen Abschied nahm, geschah dies auch, weil er mit den übrigen Regierungsmaßnahmen nach französischem Vorbild nicht einverstanden war. Am 4. Dezember 1774 reichte er ein Entlassungsgesuch »aus gesundheitlichen Gründen« ein. Als einzigem Minister Friedrichs II. wurde ihm der Amtsaustritt in Gnaden zugebilligt, und er zog von Berlin nach Haldem zurück. Am 28. Oktober 1776 kaufte er Hollwinkel samt Hofgut und allen Gerechtigkeiten. Doch er blieb weiterhin mit dem König in Korrespondenz und war wiederholt zu Gast in Potsdam. Davon zeugen 386 »Kabinettsordres« aus dem Familienarchiv derer von der Horst in Hollwinkel, die Friedrich der Große an den Minister gesandt hatte; die meisten stammen aus der Zeit nach seiner Entlassung.

Am 3. Juli 1791 starb Julius August von der Horst während einer Kur. Seine Familie ist bis heute auf Hollwinkel ansässig und war mit weiteren Nachfahren im preußischen Landtag vertreten. Der Urenkel Adolph Freiherr von der Horst erreichte einen solchen Beliebtheitsgrad in der Bevölkerung, dass sich die Ortsangabe »Horst Höhe« in der knapp zehn Kilometer südlich von Gut Hollwinkel am Wiehenkamm gelegenen Ortschaft Oberbauerschaft im Volksmund dauerhaft einbürgerte. Ortskundige werden die Bezeichnung kennen, ohne zu wissen, dass der Namensgeber persönlich nach Berlin fuhr, um sich vor König Friedrich Wilhelm IV. für die verarmte Region einzusetzen.

Lesetipp: Helmut Hüffmann, Aus der Geschichte des Gutes Hollwinkel und der Familie von der Horst, in: Der Minden Ravensberger 1981, S. 76–77.

Der Taubenturm auf Gut Stockhausen in Lübbecke-Blasheim

Lage: Das von Gräften umgebene Gut Stockhausen liegt rund 3 Kilometer nordwestlich des Lübbecker Stadtkerns im Ortsteil Blasheim an der Blasheimer Straße.
GPS: 52° 19‘ 11“ Nord 8° 34‘ 53“ Ost

Gut Stockhausen war einst Wohnsitz des preußischen Ministers Eberhard von der Recke, der als Staats- und Justizminister unter gleich drei Königen diente. Die restaurierte Wasserburg reicht ursprünglich mindestens ins 14. Jahrhundert zurück; zum Reckeschen Familiensitz wurde sie erst ab 1600 durch eine Heirat mit der Erbtochter des Herrn zu Westrup und Stockhausen. Der heutige Torbau, zu dem eine steinerne Rundbogenbrücke über die Gräfte führt, stammt aus dem Jahr 1672, eine Generation später wurde dann das Herrenhaus aus Bruchstein erbaut. Neben den üblichen Stal-

Wohnstatt blaublütigen Zuchtgeflügels: Familie von der Reckes Taubenturm

lungen und Scheunen erhebt sich in der Mitte des Gutshofes ein runder Turm bis auf elf Meter Höhe, dessen Durchmesser nur drei Meter beträgt. Beinahe Hundert kleine Löcher darin geben Rätsel über ihre Funktion auf.

Durch eine Kastanienallee westlich der Anlage gelangt man zur Erbbegräbnisstätte, die Ende des 18. Jahrhunderts angelegt wurde. Zu jener Zeit war Eberhard von der Recke bereits für Friedrich den Großen tätig, der ihn 1784 zu seinem Justizminister ernannt hatte. Als solcher präsidierte er auch über das Obertribunal in Berlin. Seine steile Karriere nahm auf Gut Stockhausen ihren Anfang, wo von der Recke im Jahr 1744 geboren wurde.

Mit einer Ausbildung in Jurisprudenz wurde er Regierungspräsident in Minden und dann in Cleve; seinem Einsatz ist es zu verdanken, dass Minden ein Schullehrerseminar bekam. Nach der Völkerschlacht verwaltete er das Königreich Sachsen bis zum Ende des Wiener Kongresses als Zivilgouverneur – in Abwesenheit des inhaftierten Königs Friedrich August. Schließlich nahm er am 18. Oktober 1815 im Namen des preußischen Königs Friedrich Wilhelm III. die Erbhuldigung aller westfälischen Länder in Münster entgegen.

Freiherr Eberhard von der Recke war verheiratet mit Lisette Freiin von Vincke, die mit Königin Luise von Preußen befreundet war. Im Reckeschen Haushalt in Berlin verkehrten daher auch der Kronprinz Friedrich Wilhelm und seine Brüder. Nach dem Tod des Justizministers erwarb die Witwe 1818 Haus Obernfelde in Lübbecke und zog in das klassizistische »Ministerhaus« im Gutspark, wo sich die Frauen der Familie künftig karitativen Aufgaben widmeten.

Noch der Vater des Verstorbenen hatte aber in schwerem Rechtsstreit mit den Lübbeckern gelegen – wegen des merkwürdigen Turms. Überliefert ist eine Klage Lübbecker Bürger an die preußische Regierung in Berlin aus dem Jahre 1741, dass der *»regierende Bürgermeister v.d. Reck auf seinem nahe bei Lübbecke liegenden Gute Stockhausen eine so starcke Tauben-Flucht, wozu Er einen Thurm bauen lassen, halte, als kaum auf allen König[lichen] Vorwercken dieses Fürstentums anzutreffen.«* Das Halten von Tauben war seinerzeit ein beliebtes Adelsprivileg, weil die Jungvögel als Delikatesse und Stärkungsmittel galten.

Nach Vorbildern in Frankreich und England errichtet, zogen sich um den besagten Turm zwölf Reihen von Nistplätzen herum. Eigentlich waren in Westfalen Taubenlöcher eher in Giebel- und Seitenwänden üblich; in Stockhausen kamen sie zum Turm noch hinzu. In der Nordwand von Scheune und Kutscherhaus und am Torhaus befanden sich weitere Einfluglöcher, so dass insgesamt gut 120 Nistgelegenheiten vorhanden waren, die jeweils von zwei Elterntieren versorgt wurden. So plünderten rund 240 Tauben, die zwei- bis viermal im Jahr ihre Jungen großzuziehen hatten, das Saatgut von den Feldern der Bauern.

Diese konnten sich neuerdings auch nicht mehr dagegen wehren, weil ein Beschluss des Mindener Landtags vorausgegangen war, der den Lübbecker Bürgern das Taubenschießen untersagte – was ihrer Ansicht nach einen Eingriff in ihr angestammtes Jagdrecht darstellte. Baron Wilhelm Christian von der Recke hatte diese Beschränkung im Einvernehmen mit anderen Gutsbesitzern erwirkt, doch Magistrat und Bürgerschaft protestierten seit 1739 bei der königlichen Re-

»Ministerhaus« im Park von Gut Obernfelde

gierung in Berlin dagegen. Der Streit ging hin und her, bis am 2. Oktober 1742 endgültig im Sinne der Lübbecker Bürgerschaft entschieden wurde. Sogar alle Auslagen in diesem Rechtsstreit wie Porto, Reisekosten und Verzehr sollten laut Gerichtsurteil der Mindener Regierung in Rechung gestellt werden.

Der Taubenturm – heutzutage ohne die Anflugstangen unterhalb der Einfluglöcher als solcher schwer zu erkennen – steht so gesehen für den vielerorts schwelenden Konflikt zwischen feudalen und stadtbürgerlichen Besitzrechten. Neu war die Möglichkeit der preußischen Staatsbürger, beim Oberappellationsgericht gegen ihre Gutsherren vorzugehen. Ironie der Geschichte ist, dass der Sohn des Lübbecker Beklagten später zum höchsten Verteidiger preußischen Rechts aufstieg.

―――

▸ *Lesetipp: Helmuth Hüffmann, Die Magistrats- und Bürgerjagd der Stadt Lübbecke, in: Jahresbericht des Historischen Vereins für die Grafschaft Ravensberg 80 (1992/1993), S. 45–61.*

Das Schlotheim-Denkmal an der Passstraße bei Bergkirchen

‣ *Lage: Die Bergkirchener Straße windet sich als L 772 beim gleichnamigen, zu Bad Oeynhausen-Volmerdingsen gehörigen Dorf über das Wiehengebirge; in der Kehre einer Serpentine steht das Schlotheim-Denkmal.*
‣ *GPS: 52° 16‘ 17“ Nord 8° 46‘ 34“ Ost*

Eine Gedenktafel informiert über den Freiherrn von Schlotheim

In einer Kehre der gewundenen Passstrasse über das Wiehengebirge bei Bergkirchen taucht überraschend eine neugotische Turmspitze auf, neben der zwei Grabkreuze stehen. Es handelt sich um das Denkmal für den Mindener Landrat Carl Ludwig Theodor von Schlotheim, das ihm 1857 – bemerkenswerterweise bereits zu Lebzeiten – errichtete wurde. Auf seinen Wunsch hin begrub man ihn zwölf Jahre später neben dem Denkmal. Auch seine Gemahlin, die Gräfin Melanie von Wietersheim, eine uneheliche Tochter des *»Königs von Westphalen«* Jérôme Bonaparte, ist hier beigesetzt worden.

Die Inschrift des Denkmals hebt eine *»der hiesigen Gegend durch Anlegung dieses Weges erwiesene große Wohlthat«* als sein Verdienst hervor. So erklärt sich zwar der eigenwillige Standort inmitten der Straßenführung, doch die ursprüngliche Bedeutung der ungewöhnlichen Würdigung erschließt sich erst vor dem Hintergrund ihrer Zeit: Mitte des 19. Jahrhunderts griff wachsende Armut in Minden-Ravensberg um sich. Missernten und die Krise des Leinengewerbes führten zu einer Verelendung der Tagelöhner; viele gingen als Wanderarbeiter nach Holland oder wanderten nach Amerika aus.

Eine Alternative stellten staatliche Programme zur Infrastrukturverbesserung dar, die andernorts in Preußen bereits erfolgreich umgesetzt wurden. Schlotheim gelang ein eigenes wirtschafts- und sozialpolitisches Lehrstück, indem er mit einem umfangreichen Wege- und Deichbauprogramm zahlreiche Tagelöhner wieder in Lohn und Brot setzte. Mit 15.000 Talern Staatszuschuss ließ er Deiche entlang der Weser bauen, die noch heute Teil des Hochwasserschutzes sind. Als Landrat brachte er die Mindener Kreistagsmitglieder dazu, seine Wegebauprojekte aus Steuermitteln zu finanzieren.

Das Beispiel Bergkirchen zeigt, wie notwendig diese Maßnahmen waren: Der alte Passweg über den Wiehenkamm war aufgrund seiner extremen Steigung schwer passierbar. Wegen der stark angewachsenen Bevölkerung der Gemeinden südlich der Bergkette war sein Ausbau unabdingbar, zumal diese vom günstigen Brennmaterial – Torf aus dem Hiller Moor nördlich des Gebirgszugs – weitgehend abgeschnitten waren. Wegen der geografischen Gegebenheiten hatte man sich bislang auch wirtschaftlich nicht nach Minden, sondern nach Vlotho hin orientiert. Der Höhenzug des Wiehengebirges stellte also für den Handel eine natürliche Grenze dar.

Der Landrat beklagte ebenfalls die Probleme der kleinen Bauerschaften im Norden, deren Bewohner sich – mangels eigener Kirche im Dorf – den beschwerlichen Passweg häufig hinaufquälen mussten:

Schlotheim-Denkmal und Gräber thronen über der Landschaft

»Auch muß jede Leiche aus den Gemeinden Rothenuffeln, Ober- und Unterlübbe mindestens mit 4 Pferden auf ihren bei der Kirche in Bergkirchen gelegenen Kirchhof gebracht werden, oft sind aber dazu 6 und 8 Pferde nothwendig geworden, und nicht selten kommt es sogar vor, dass Leichen in der Frist, in der sie beerdigt werden sollen, nicht auf den Kirchhof zu schaffen sind.« Schlotheims Argumentation gipfelte in dem Vorschlag, insgesamt 135 Kilometer Wegenetz zu festen Kreisstraßen auszubauen und hilfsbedürftige Tagelöhner dafür einzusetzen. Die seitens des Landrats festgesetzte Kreissteuer wurde am 26. November 1853 vom Mindener Kreistag beschlossen.

Insofern dokumentieren die steinernen Zeugen am Straßenrand das Lebenswerk eines Mannes, der sich im preußischen Verwaltungsdienst aktiv für die Region einsetzte. Auch die staatliche Seite wusste seine Dienste zu schätzen, wie die Inschrift des Denkmals bezeugt. Friedrich Wilhelm IV. bestätigte Schlotheims Stand als Freiherr, der von König Jérôme herrührte, und ernannte ihn zum Königlich Preußischen Kammerherren, zum Rechtsritter des Johanniter- und zum Ritter des Roten Adler-Ordens. Als geschickter Sozialplaner war der Landrat ein »Wegbereiter« im doppelten Sinn, der hohe Anerkennung genoss. So scheint es nur angemessen, dass sein Denkmal die Form von Schinkels »Volksdenkmal« auf dem Berliner Kreuzberg aufnimmt.

‣ Lesetipp: Wilhelm Brepohl, Landrat Carl Freiherr von Schlotheim, in: Der Minden-Ravensberger 1966, S. 34–36

Das Jungfernholz in Porta Westfalica-Holzhausen

‣ Lage: Das Jungfernholz südlich von Weser, Eisenbahn und B 482 in Sichtweite der Porta Westfalica liegt im heute dicht besiedelten Bereich etwa mittig zwischen den alten Ortschaften Hausberge und Holzhausen.
‣ GPS: 52° 14‘ 5“ Nord 8° 54‘ 41“ Ost

Das »Jungfernholz« in Porta Westfalica-Holzhausen, von dem heute nur noch ein Flur- und Straßenname sowie ein hölzernes Hinweisschild zeugen, ging auf eine Initiative Friedrich Wilhelms I. zurück. Im 18. Jahrhundert erließ der preußische Herrscher für sein gesamtes Territorium eine Verordnung, dass Heiratswillige sechs Eichbäume und ebenso viele Obstbäume pflanzen und versorgen sollten: *»Die Ehepflanzen müssen drei Jahre von demselben, der sie gepflanzet, im Blatt erhalten werden.«* Die Pfarrer vor Ort durften ein heiratswilliges Paar nicht trauen, wenn es keine Bescheinigung beibringen konnte, dass es in der Gemeinde je nach seinen Verhältnissen Bäume gepflanzt hatte. Wo diese Pflanzung in Holzhausen lag, ist am Straßennamen dauerhaft kenntlich gemacht, wiewohl in der ganzen Neubausiedlung kein alter Baumbestand zu finden ist.

Weil nach dem Dreißigjährigen Krieg mit der Bevölkerung auch der Bedarf an Bau- und Brennholz gewachsen war, hatte schon

Nur noch ein Flurname: Jungfernholz unterhalb des Kaiser-Wilhelm-Denkmals

der Große Kurfürst versucht, in ganz Preußen gezielt den Holzbestand zu verbessern. Auch Eicheln für die Schweinemast standen kaum ausreichend zur Verfügung. Wenn die Regierung nun auf den *»so entsetzlich einreißenden Holzmangel«* hinwies, schuf sie zugleich eine drastische Legitimation der neuen landesherrlichen Forstordnungen, die mehr und mehr auch für die Gemeindewälder Geltung beanspruchten.

Den Anfang der systematischen Holzbewirtschaftung hatte der Große Kurfürst mit seinen Räten in der Mark Brandenburg gemacht. Das dortige Patent *»wegen Pflanzung fruchtbarer Obstbäume und Eichen«* wurde den Ravensberger Beamten im April 1686 mit der Bitte um Anpassungsvorschläge übersandt. Diese trafen ein Jahr später in Berlin ein. Die Ravensberger Beamten schlugen vor, dass, wer auf eigenem oder Markengrund einen Baum fälle, dafür drei oder vier neue zu pflanzen und sich *»bis ins dritte Laub«* darum zu kümmern habe. Außerdem seien Steinfundamente beim Hausbau vorzuschreiben, um das Fachwerk vor Fäulnis zu schützen und so den Holzverbrauch zu verringern.

Am 1. Oktober 1687 wurde das auf dieser Basis erstellte kurfürstliche Patent für ganz Ravensberg herausgegeben und im Februar des folgenden Jahres von der Kanzel verkündet. Den Auftakt bildete die stereotype Einlassung, dass schon die Vorfahren mehr Sorgfalt auf ihre fruchtbaren Obstbäume und Eichen verwandt hätten. Jeder, der dazu in der Lage sei, solle künftig einen Platz einhegen, um Bäume darauf anzupflanzen. Die Amtmänner müssten mit

Ein verblichenes Schild zeugt vom vergangenen »hölzernen Zeitalter«

gutem Beispiel vorangehen, und notfalls solle das Gemeindeland dafür herangezogen werden. Jede Bauerschaft sei verpflichtet, für das Saatgut einen eigenen Eichelkamp anzulegen. In Hausberge wurde im Jahr 1717, also eine ganze Generation später, *»unter dem Holzhauser Brink«* mit der Umsetzung begonnen.

Bemerkenswert an der Verfügungslage in Minden-Ravensberg waren die drastischen Strafen: Bei *»Vandalismus«* gegen den Holzbestand wurde das Abschlagen der Hand, schwere Züchtigung oder auch Landesverweisung angedroht. Sei ein Weidenstamm ausgerissen worden, solle der Täter eingekerkert oder zur Abschreckung im Halseisen öffentlich bloßgestellt werden. Trotzdem bemerkte die Regierung im Jahr 1699, sie habe *»mit höchstem missfallen vernommen, dass dieser heilsamen Verordnung [...] von Dero Ravensbergischen Unterthanen mit gehörigem Ernste nicht nachgelebt sey.«*

Das Patent wurde regelmäßig neu verfügt – aus dem einfachen Grund, weil fast niemand es einhielt. Der noch recht kleine Staatsapparat konnte seine Anordnungen diesbezüglich kaum durchsetzen. Deswegen klang es 1709 zur Heiratsregelung etwas moderater aus Berlin: *»Jedoch aber da eben die Jahrs-Zeit zum Pflanzen nicht dienlich sein sollte, so wird zwar die Copulation zuverstatten – nachgehends aber bey der erst erfolgenden bequemen Zeit die Pflanzung von dem jungen ehemann zu bewerkstelligen seyn.«* 1719 wurde die Regelung erneut in eben diesem Punkt abgemildert, denn Brautleute waren nicht mehr gezwungen, Bäume anzupflanzen, sondern konnten sich mit zwei Groschen je Stück freikaufen. 1721 schaffte der Soldatenkönig die Verordnung ganz ab und zog es vor, an die Vernunft der Untertanen zu appellieren.

Das Jungfernholz in Porta zeigt dennoch, dass ein Teil der preußischen Holzverordnungen in der Region tatsächlich durchgeführt wurde, wiewohl der größere Teil auf weitgehende Ignoranz stieß. Während Nachhaltigkeit im Umgang mit Fruchtbäumen für die Bevölkerung seit eh und je selbstverständlich war, stießen Verbote der Waldmast, des Holzsammelns oder des Schlagens von Erbsen- und Bohnenbraken auf wenig Akzeptanz. Im »hölzernen Zeitalter« vor der Industrialisierung konnte es nicht gelingen, diese bäuerlichen Gewohnheitsrechte zu eliminieren, weil Holz ein notwendiges Lebenselement wie Luft und Wasser war. Erst im Zeitalter von Kohle und Eisen konnte die staatliche Forstwirtschaft sich letztlich durchsetzen.

- *Lesetipp: Gertrud Angermann, Der Staat und die Bäume in Ravensberg vor etwa 300 Jahren, in: Der Minden-Ravensberger 1991, S. 7–9;*
- *Joachim Radkau, Ein Abgrund von »Holzhurerei«? Der alltägliche Holzdiebstahl im alten Bielefeld. In: Ravensberger Blätter 1 (1989), S. 12–18.*

Die Gedenktafel für Major von Langen in Hausberge

▸ *Lage: Das Einkaufszentrum »Schalksburgpassage« befindet sich im Ortskern von Porta Westfalica-Hausberge; die früher selbständige Stadt Hausberge liegt am östlichen Flussufer im »Porta Westfalica« genannten Weserdurchbruch.* ▸ *GPS: 52° 14' 20" Nord 8° 55' 13" Ost*

An der Klinkerfassade des Einkaufszentrums »Schalksburgpassage« in Porta Westfalica-Hausberge prangt ein ungewöhnliches Ensemble: eine barocke Grabtafel, unschwer an den gekreuzten Gebeinen unter einem Totenschädel zu erkennen, daneben eine neumodische Bronzetafel, die an den westfälischen Kriegshelden Major von Langen erinnert. Dieser hatte sich in der Schlacht von Hochkirch im Siebenjährigen Krieg um Preußen sehr verdient gemacht. Zwar endete das Gefecht mit einer Niederlage, doch von Langen habe *»mit Löwenmuth den Kirchhof von Hochkirch gegen eine erdrückende feindliche Übermacht«* verteidigt, wie die Allgemeine Deutsche Biografie von 1883 festhielt: *»Erst als der Rückzug der Armee gesichert war, überließ er ihn den Truppen O'Donnell's; mit elf Wunden bedeckt fiel er in die Gewalt der Gegner, die ihn, seine Tapferkeit ehrend, den Seinen nachsandten.«* Trotzdem erlag von Langen eine Woche später in österreichischer Gefangenschaft in Bautzen seinen zahlreichen Verletzungen.

Sein Grabstein, von den Eltern einst in seligem Angedenken gestiftet, fand sich 1987 in der Baugrube des Einkaufszentrums wieder, an dessen Stelle einst der Adelshof derer von Langen gestanden hatte. Als einer von vier Burgmannshöfen war er ursprünglich zur Sicherung der am rechten Weserufer in der Porta Westfalica gelegenen mittel-

Grabplatte an der Schalksburgpassage

alterlichen Schalksburg angelegt worden. Auch in brandenburgisch-preußischer Zeit genossen die Besitzer des Hofes Vergünstigungen und blieben von allen Abgaben frei. Als der spätere Oberpräsident von Westfalen, Freiherr von Vincke, um 1800 in Minden Landrat wurde, wohnte auch er im Langenschen Burgmannshof.

Dort war 1706 Simon Siegmund Moritz Wilhelm als sechstes von sieben Kindern des königlichen Oberjägers Johann von Langen und seiner Frau Catharina Margarethe von Spiegel zum Desenberg geboren worden. In der reformierten Mindener Petrikirche (▸ *Route 7, Station 3*), die dem preußischen Königshaus eng verbunden war, ließen ihn die Eltern taufen. Schon mit fünfzehn Jahren trat er in Berlin als Kadett in preußische Dienste ein, die er 1736 wieder quittierte, weil er mit dem Verlauf seiner Beförderungen nicht zufrieden war. Als Friedrich der Große die Armee vergrößerte, ließ er sich erneut aufstellen. Im Jahr 1750 wurde er Hauptmann und übernahm eine Kompanie im Infanterie-Regiment »Markgraf Karl«. Zum Major ist er wahrscheinlich erst nach seiner Verwundung in der Schlacht bei Leuthen befördert worden.

Bekannt aber wurde von Langen durch seine Rolle in Hochkirch am 14. Oktober 1758. *»Es ist schade um den braven Major L.«*, soll Friedrich II. geäußert haben, als er am Tag nach der Schlacht das Regiment musterte. Des Königs Bedauern bekommt aber noch einen anderen Beiklang, wenn man die Zusammenhänge näher kennt: Der Schlachtausgang ging als persönliche Niederlage des Königs in die Geschichte ein, weil dieser aus mangelnder Vorsicht bei der Wahl des Lagerplatzes die Situation selbst verschuldet hatte. Denn der ursprüngliche Plan, die Österreicher zu überrumpeln, ging nicht mehr auf, nachdem diese sich zu einem nächtlichen Überraschungsangriff auf die ungeschützt liegenden Preußen entschlossen hatten.

Der Rückzug verlief chaotisch und schwere Kanonade drängte Teile der preußischen Infanterie gegen den Hochkircher Friedhof. Diesen verteidigte von Langen mit dem zweiten Bataillon des Infanterie-Regiments »Markgraf Karl« gegen eine sieben- bis achtfache Übermacht. Trotz stundenlanger Angriffe ergaben sich die Preußen nicht. Erst als dem Bataillon am Morgen die Munition ausging, gab von Langen den Befehl zum Ausbruch, was aber nur noch wenigen Soldaten gelang.

In seinen Schriften hat Friedrich der Große ihm *»zum Zeugnis, was der Einzelne mit Wenigem vermag«* ein literarisches Denkmal gesetzt. Auch auf dem ehemaligen Schlachtfeld in Hochkirch wurde 1903 ein Obelisk zur Ehre von Langens aufgestellt. Die Inschrift widmet das Denkmal dem Major, der *»diesen Kirchhof mit dem 2. Bataillon des Regiments Markgraf Karl gegen zehnfache Übermacht bis zur Vernichtung seiner Mannschaft verteidigte«* – was durchweg positiv gemeint war. In dieses ruhmvolle Gedenken reiht sich die Tafel vom Einkaufszentrum in Porta Westfalica ein, auch wenn ihre Platzierung das nicht sofort erahnen lässt.

▸ *Lesetipp: Stadt Porta Westfalica (Hrsg.), Porta Westfalica, 1979;*

▸ *Joachim Engelmann, Günter Dorn, Die Schlachten Friedrichs des Großen, Utting 2001.*

Die Königslinde und der Moltketurm auf dem Wittekindsberg

▸ Lage: »Wittekindsberg« heißt jener Abschnitt des Wiehengebirgskamms, der sich westlich an die Porta Westfalica anschließt; vom Kaiser-Wilhelm-Denkmal aus ist er zu Fuß über den Wittekindsweg zu erreichen.
▸ GPS: 52° 14‘ 54“ Nord 8° 52‘ 55“ Ost

Die Königslinde auf dem Wittekindsberg oberhalb der Porta Westfalica steht dort seit dem 23. August 1842. Friedrich Wilhelm IV. pflanzte sie eigenhändig anlässlich der Restaurierung der Margarethen-Kluskapelle, die der preußische Staat finanziert hatte. Der zweijochige Saalbau aus Porta-Sandstein mit Kreuzgratgewölben und Rundbogenfenstern gehörte ursprünglich zu einer frühen Klosteranlage, die Bischof Milo 992 auf Bitten der Nonne Thetwif auf dem Wittekindsberg gegründet hatte, weil zunehmend Frauen nach dem Vorbild der Einsiedlerin auf der alten Fliehburg leben wollten. Im Jahr 1000 wurde der Konvent nach Minden verlegt, die Kapelle aber blieb vor Ort erhalten.

Im Volksmund ist sie heute unter dem Namen »Wittekindskapelle« bekannt, weil sie nur fünfzig Meter westlich einer Quelle liegt, die im 19. Jahrhundert mit dem Wittekindmythos in Zusammenhang gebracht wurde. Der Sage nach hatte hier das Pferd des legendären Sachsenkönigs gescharrt, worauf sprudelnde Wasser zum Zeichen reinen Glaubens hervortraten und sich der heidnische Wittekind alsbald bekehrte – und nach jahrzehntelangem Kampf dem christlichen Kaiser Karl dem Großen unterwarf. Seit 1829 hatte die preußische Regierung die Verschönerung der Quelle angemahnt, bis sie schließlich 1896 in einer romanisierenden Grotte neu gefasst wurde. In den 1930er Jahren versiegte sie allerdings.

Quelle und Kapelle bildeten das Zentrum der lokalen Verehrung Wittekinds, der als Held im Kampf *»gegen Fremdherrschaft und Unterdrückung«* stilisiert wurde. Im 19. Jahrhundert galt der ganze Berg als Ort *»vaterländischer Geschichte«*, der *»jedem deutschen Manne heilig«* sei. In den Räumlichkeiten der Kapelle fanden patriotische Veranstaltungen zum Gedenken an die Befreiungskriege statt, obwohl sie langsam verfiel. Leopold von Ledebur hatte in einem Brief an den preußischen Regierungsrat von Hohenhausen 1827 die Tristesse der Kapelle geschildert: *»Das Innere der Kirche liegt ganz wüst und leer [...]. Durch die vor einigen Jahren vorgenommene Reparatur, wobei die Mauern durch eiserne, zum Theil schon wieder gestohlene, Klammern zusammengehalten und befestigt worden sind, ist das Gebäude wohl hinreichend geschützt, um den hier hausenden Stürmen eine zeitlang trotzen zu können.«*

Weil der König 1842 mit großem Gefolge den ersten Besuch der Westprovinzen seines Reiches plante und sein Kommen angekündigt hatte, war die Margarethen-Kapelle restauriert worden. Obwohl das außergewöhnliche Ereignis langfristig vorbereitet worden war, zündete das Feuerwerk am Vorabend wegen eines Signalfehlers zu früh. Am nächsten Morgen empfingen hundert singende Schullehrer den König und die Königin in der Kapelle zu einem Festgottes-

Als Vermessungspunkt errichtet: der Moltketurm

dienst. Doch in der Berichterstattung der Berliner Zeitung kam es zu einem Missverständnis, das tief blicken lässt: Der König zog dort nicht zur »Margarethen-Klus« sondern zum *»Margarethen-Club [!], um daselbst ein von der Stadt angeordnetes Frühstück zu genießen.«* Die Entfernung zwischen dem geistigen Zentrum Preußens und der Provinz konnte an diesem Punkt größer nicht sein.

Im Zuge des hohen Staatsbesuchs wurde auch der »Königsweg« am Südhang des Wittekindsbergs angelegt. Von der Kapelle aus erreicht man nach kurzem Fußmarsch den »Moltketurm« auf dem höchsten Punkt des Wittekindsberges in fast dreihundert Metern Höhe. Als der preußische General-Feldmarschall Graf Helmuth von Moltke im Sommer 1852 während eines Kuraufenthalts in Bad Oeynhausen den Berg bestieg, hatte er nämlich einerseits die erwähnte Kapelle besucht, sich aber länger noch auf dem 1828/29 errichteten Vermessungs- und Aussichtsturm aufgehalten. Diese Tatsache nutzte die Trägergemeinde Barkhausen 1906 dazu, den Turm umzubenennen und ein Medaillon des Kriegsstrategen anzubringen, um ihre deutschnationale Gesinnung zu dokumentieren. Neben dem Kaiser-Wilhelm-Denkmal und dem Bismarckturm wurde so ein weiterer Held des Kriegs von 1870/71 in unmittelbarer Nachbarschaft geehrt.

Eigentlich war es auf dem bewaldeten Bergrücken an der Westseite der Porta Westfalica sehr schwierig gewesen, einen geeigneten Platz für die Landesvermessung zu finden. Zu verdanken ist der Signalpunkt, der zunächst »Wittekindsstein« hieß, dem Engagement des Steuerrats und preußischen Landvermesser Johann Jacob Vorlaender, der die preußische Katasteraufnahme für eine neue Grundsteuerveranlagung im Regierungsbezirk Minden leitete. Unter tatkräftiger Mithilfe des Amtmanns von Gut Weddigenstein ließ er den Aufbau zum größten Teil aus privaten Spendengeldern realisieren.

Der 13,80 Meter hohe Turm stellte einen *»Signalpunkt 1. Ordnung«* für die von

Preußen vorangetriebene Vermessung der Westprovinzen dar. Oberpräsident Freiherr von Vincke, ein Förderer der Katasteraufnahme, hatte Vorlaender eigens für die Vermessungsaufgaben gewonnen. Während der Staat neben der Einnahme seiner Grundsteuern auch militärische Zwecke verfolgte, lag das grundsätzliche Klären von Besitzverhältnissen auch im Interesse der betroffenen Privatpersonen. »Vaterländische«, politische und wirtschaftliche Ziele bestimmten demnach die Gestaltung des Natur- und Kulturdenkmals Wittekindsberg im 19. Jahrhundert.

‣ Lesetipp: Heinrich Rüthing, Der Wittekindsberg bei Minden als »heilige Stätte«, Gütersloh 2007;
‣ Michael Mertins, Johann Jacob Vorlaender (1799 – 1886), in: Nachrichten aus dem öffentlichen Vermessungswesen 1 (1978), S. 18 – 37.

Gut Rothenhoff bei Porta Westfalica-Costedt

‣ Lage: Gut Rothenhoff liegt im »Großen Weserbogen« südlich der Porta Westfalica nahe des kleinen Ortes Costedt; die umgebende Weseraue ist durch Altarme und mehrere Baggerseen geprägt.
‣ GPS: 52° 13‘ 46“ Nord 8° 51‘ 49“ Ost

Im Ortsteil Costedt von Porta Westfalica schimmert dem Besucher eine weiße architektonische Perle inmitten grüner Auen entgegen. Eingebettet in den Weserdurchbruch durch das Weser- und Wiehengebirge liegt Gut Rothenhoff am mittleren von drei großen Seen.

Die Verbindung zu Preußen findet sich in der Architektur des Hauses und in den ehemaligen Besitzrechten, denn mit der Auflösung des Fürstbistums Minden war Rothenhoff in den Besitz Preußens übergegangen. Das Hofgut wurde ab dem Jahr 1656 Domäne des brandenburgischen Kurfürsten und blieb bis zum Jahr 1822 im Besitz des preußischen Königs. Erstmals 1230 als eines der Hofgüter der Bischöfe von Minden in einer päpstlichen Urkunde erwähnt, wurde der Gutshof nun samt zugehöriger Besitzungen als königlich-preußische Domäne einem adligen Grundherrn zur Nutzung übergeben. Das Lehen blieb aber weiterhin wirtschaftliche und politische Verfügungsmasse der preußischen Herrscher, was sich in seiner Überlassungsgeschichte zeigt: Nach Ende des Dreißigjährigen Krieges wurde das Gut dem schwedischen Gesandten und Legationssekretär Björnclou vermacht, um die Zustimmung der Schweden zur Übertragung des Fürstbistums Minden an Brandenburg zu erreichen. Bereits mit der Besetzung des Bistums im Jahr 1633 war der »Rothehof« von schwedischer Seite okkupiert worden. Die offizielle Schenkung an Björnclou wurde 1666 allerdings rückgängig gemacht, weil der Kurfürst mit der Höhe der Pachteinnahmen nicht einverstanden war.

Anderthalb Jahrhunderte später kam unter neuer Herrschaft das gleiche Verfahrensprinzip zum Tragen: Unter Napoleon (1807 – 1813) wurde Rothenhoff kaiserlich-französische Domäne und als solche

Spätklassizistisches Herrenhaus auf Gut Rothenhoff

dem bei Jena und Auerstädt erfolgreichen französischen General de la Houssay übertragen. Kurze Zeit machten französische Marinesoldaten unter General Prinz Eckmühl während der Befreiungskriege im Jahr 1814 hier Quartier.

Danach waren wieder die Preußen am Zug. Nachdem 1822 das Gut an einen Bremer Kaufmann verkauft worden war, ergänzte dieser die Hofanlage durch Wirtschaftsgebäude und den Zukauf von Ländereien; so erwirkte er die Ernennung Rothenhoffs zum Rittergut. Kommunalrechtlich bildeten Rittergüter in Preußen eigene Gutsbezirke, die neben der meist gleichnamigen Landgemeinde bis etwa 1929 bestanden. Der neue Besitzer aus der Bremer Kaufmannsfamilie Caesar, fortan Caesar zu Rothenhoff, wurde auf diese Weise Mitglied des preußischen Landtags.

Nach Plänen des königlichen Baumeisters Barring ließ er 1863 ein Herrenhaus ganz »à la mode« im spätklassizistischen Stil errichten. Der Gutspark wurde als englischer Landschaftspark östlich und nördlich des Herrenhauses angelegt. Beides knüpfte auf diese Weise explizit an die preußische Formensprache an. Die Hofanlage mit dazugehörigem Herrenhaus, die Parkanlage und die seit 1926 bestehende Erbbegräbnisstätte stehen seit 1984 unter Denkmalschutz. Seit den 1930er Jahren wurde auf dem Gelände Kies abgebaut, wodurch die markante Seenlandschaft entstand. Nach dem Zweiten Weltkrieg wurde Rothenhoff von den Engländern als Standort des Oberbefehlshabers der Britischen Rheinarmee genutzt; als prominente Gäste weilten Eisenhower, Montgomery oder auch Prinzessin Magret und Prinz Philipp auf dem Gut. Die preußische Domäne Rothenhoff war prägend für die Region am Großen Weserbogen: Sie hinterließ wirtschaftliche, politische und landschaftliche Spuren, die über die eigentliche Zeit der Preußen weit hinausweisen.

▸ *Lesetipp: Wilhelm Schrader, Costedt, in: Porta Westfalica, hrsg. v. d. Stadt Porta Westfalica, 1979, S. 187–191.*

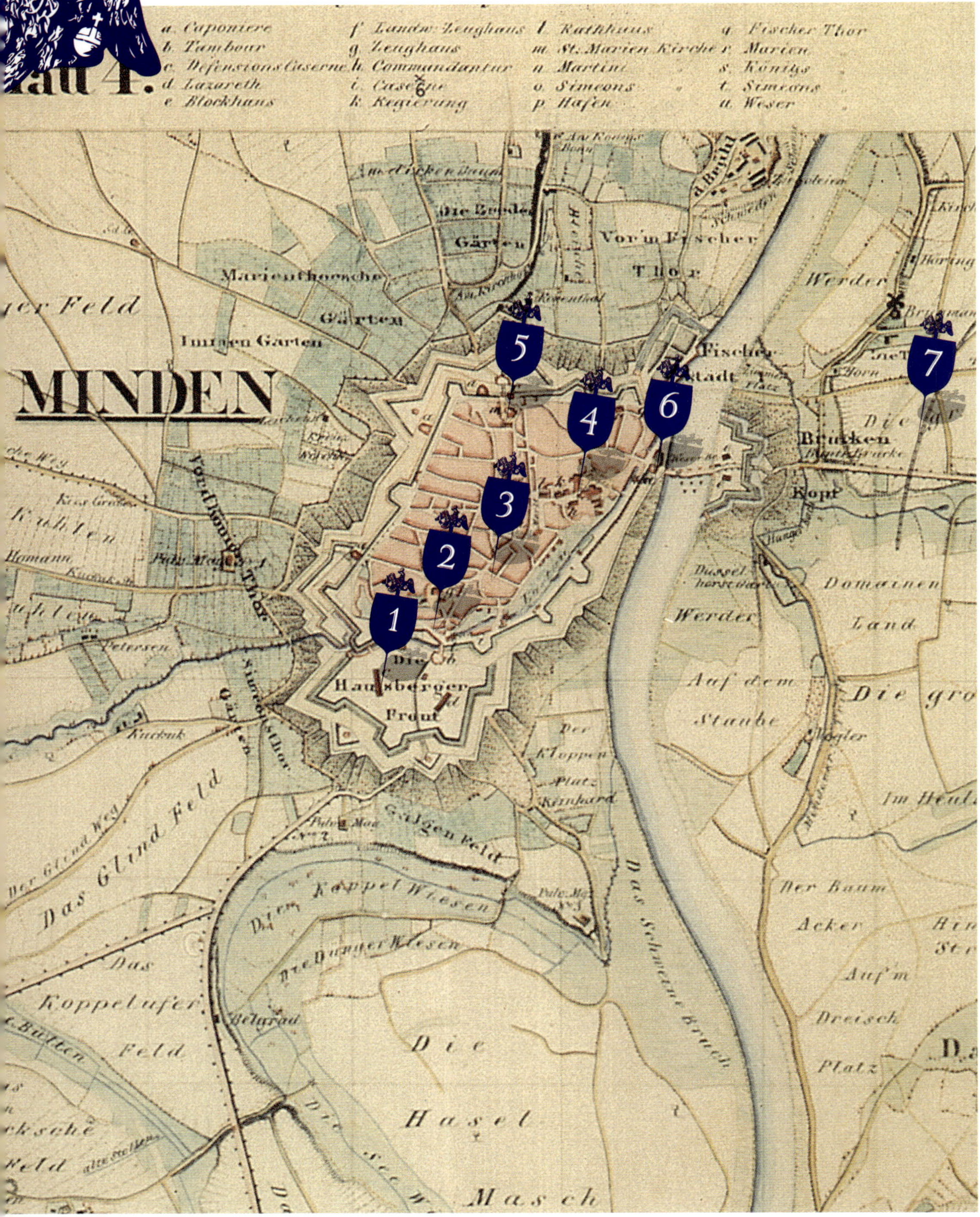

a. Caponiere
b. Tambour
c. Defensions Caserne
d. Lazareth
e. Blockhaus
f. Landw. Zeughaus
g. Zeughaus
h. Commandantur
i. Caserne
k. Regierung
l. Rathhaus
m. St. Marien Kirche
n. Martini
o. Simeons
p. Hafen
q. Fischer Thor
r. Marien
s. Königs
t. Simeons
u. Weser
MINDEN
Die Breden Gärten
Vor'm Fischer Thor
Marienthorsche Gärten
Immen Garten
Werder
Fischer Städt
Brücken Kopf
Domainen Land
Werder
Auf dem Staube
Die Hausberger Front
Der Kloppen Platz
Galgen Feld
Das Glind Feld
Der Glind Weg
Die Kappel Wiesen
Die Dunner Wiesen
Das Koppelufer Feld
Die Hasel Masch
Der Baum Acker
Auf'm Dreisch Platz
Kuckuk
Petersen
1
2
3
4
5
6
7

Route 7

Minden Innenstadt

Die Defensionskaserne und das Garnison-Lazarett

- *Lage: Der Simeonsplatz mit Kaserne und Lazarett liegt südlich der Mindener Altstadt; an ihm führt die vielbefahrene, vierspurige Portastraße (L 534) vorbei.*
- *GPS: 52° 17‘ 2“ Nord 8° 54‘ 33“ Ost*

Simeonsplatz: weitläufiges Exerzierfeld vor der Defensionskaserne

Der weitläufige Simeonsplatz schließt südlich an den mittelalterlichen Stadtkern Mindens an. Der Platz wird beherrscht von der streng gegliederten Fassade eines imposanten Sandsteingebäudes aus dem frühen 19. Jahrhundert, in dem das Preußen-Museum einen passenden Rahmen für seine Sammlung gefunden hat: Es handelt sich um die ehemalige preußische Kaserne von Minden. Die ganze Umgebung des Simeonsplatzes ist von militärischen Bauten geprägt. Als einzige Festung zwischen Rhein und Elbe besaß Minden nach 1814 überregionale Bedeutung im Netz der preußischen Bastionen. Deswegen bereitete der Generalstab nach der Wiederinbesitznahme Mindens durch das Königreich Preußen im November 1813 eine fortifikatorische Verstärkung Mindens vor. Ein großes »verschanztes Lager« war geplant, das in Friedenszeiten der Garnison anstelle von Bürgerquartieren Unterkunft bieten und im Kriegsfall durchmarschierende Truppen aufnehmen sollte.

Die sogenannte *»Neue Hausberger Fronte«*, die dieses verschanzte Lager umschloss, erhielt die Form eines geräumigen Kronwerks mit verschiedenen Bastionen. Zur Befestigung diente ein gut neun Meter hoher Wall mit zwanzig Meter breitem Wassergraben und anschließendem abschüssigen Erdwerk (Glacis). Im Inneren, um den trapezförmigen Exerzierplatz herum, entstanden ab 1827 die notwendigen militärischen Bauten: Defensionskaserne, Garnison-Lazarett, Proviantmagazin, Militärökonomiegebäude, Wagenhaus und Gewehrhaus sowie Exerzier- und Artilleriefahrzeugschuppen. Diese zentrale Gebäudegruppe wurde bis 1873 noch um Pferdeställe ergänzt.

Die Lage der Gebäude zueinander ergab sich nicht aus städtebaulichen, sondern aus militärischen Aspekten. So wurden die für eine Verteidigung wesentliche Defensionskaserne mit Wagenhaus Nr. 2 und Lazarett als *»defensible Gebäude«* im Rücken der Bastionen platziert. Im Jahr 1829 wurde die Kaserne als erstes Gebäude auf dem Areal der neu geschaffenen Militär-Vorstadt eingeweiht; sie stellt damit das älteste Zeugnis des preußischen Klassizismus in Minden dar. Die Fassadengliederung korrespondiert mit dem Berliner Entwurf für das dazugehörige Garnison-Lazarett. Über dem Hauptportal zeigt eine Trophäe die Neujahrsplakette der königlichen Eisengießerei Berlin von 1831. Die Wallseite ist dagegen nüchtern und verteidigungsfähig ausgebaut: 24 Schartenfenster zur Gewehrverteidigung im Untergeschoss, 21 Kanonenscharten im Obergeschoss, darüber die Bombenbalkendecke mit einem Grassodendach auf Lehmschüttung. Zu Friedenszeiten bot die Defensionskaserne Unterkunft für knapp 400 Soldaten. Laut Plan bestand die Stubenbelegung aus *»Mannschaften, Fähnrichen, Unteroffizieren, Feldwebeln, Offizieren«* und aus *»Lazarettgehülfen«*.

Früher Garnison-Lazarett, heute Hautklinik für jedermann

Direkt nebenan wurde in den Jahren 1829 bis 1832 das Garnison-Lazarett errichtet. Schon am 30. Januar 1828 genehmigte der Zuständige in Berlin, Generalmajor von Rauch, den Lazarettbau für insgesamt zweihundert Köpfe: Man habe *»nichts dagegen zu erinnern gefunden, dass dem Sentiment der Commission Folge gegeben, und die durch bombensichre Militair-Gebäude zu gewährende Verstärkung zunächst der Hausberger Fronte zu Theil werde.«* Aus militärischen und ökonomischen Gründen platzierte man das Lazarett hinter Bastion No.3. Das Berliner Allgemeine Kriegs-Departement revidierte den Entwurf des zuständigen Mindener Ingenieur-Offiziers noch etwas, indem die Pilastergliederung gestrafft wurde. Außerdem wurde nach einem praktischen Gutachten von zu Rate gezogenen Ärzten der Korridor verbreitert. Das Garnison-Lazarett umfasste neben Wohnungen für den *»Staabs-Arzt«*, den *»Lazareth-Inspector«* und den *»Chirurgus«* auch Stuben für je sechs, acht und zwölf Mann.

Als 1843 das nach schlesischer Methode vorgesehene Zinkdach erneuert werden musste, wurde an dessen Stelle ein Schieferdach gewählt – einerseits aus Kostengründen, andererseits, weil *»die allgemeine Meinung in den westlichen Provinzen dem Schiefer von allen Bedachungen die größeste Dauer zuspricht«*, wie das Kriegsministerium verlauten ließ. Auch die schöne Fassade aus rötlich-braunem Sandstein, die trotz der strengen Strukturierung eine Form von Leichtigkeit vermittelt, besteht aus nahe Minden gebrochenem Porta-Sandstein. Hier erhebt sich eines der bedeutendsten Zeugnisse des preußischen Klassizismus in Westfalen – und das mit deutlicher lokaler Note.

Das Schwichow-Grabmal längs der ehemaligen Bastion

- *Lage: Der Schwichowwall trennt die Mindener Altstadt vom südlich gelegenen ehemaligen Kasernengelände; durch die langgezogene Grünanlage führt heute eine gleichnamige Straße.*
- *GPS: 52° 17‘ 5.00“ Nord 8° 54‘ 36.00“ Ost*

Der gusseiserne Sarkophag am Schwichowwall aus dem Jahr 1823 wird von vier eindrucksvollen Kanonen flankiert, die König Friedrich Wilhelm III. für diesen Zweck stiftete. Trotzdem handelt es sich weniger um ein staatliches Militärdenkmal als um ein Schwichow persönlich zugewidmetes Ehrenmal. Dem Sortiment der königlichen Eisengießerei zu Berlin entnommen, wurde es nach einem Entwurf gefertigt, den Karl Friedrich Schinkel für einen anderen verdienten preußischen Offizier schon früher geschaffen hatte.

Und es ist ein Grabmonument im eigentlichen Sinn: Jener Generalmajor von Schwichow wurde tatsächlich auf eben diesem Festungsabschnitt, den Friedrich Wilhelm III. später nach ihm benannte, bestattet. Auch nach einer Versetzung der Anlage um 140 Meter nach Westen im Jahr 1907 befinden sich von Schwichows umgebettete Gebeine noch stets unter dem Sockel.

Auf der linken Stirnseite des Denkmals, das auf einem ausladenden Sandsteinposament ruht, ist das Wappen des Verstorbenen mit seinen zahlreichen Orden und Ehrenzeichen angebracht. Auf der Längsseite findet sich die Widmungsinschrift für das *»Denkmal des Königl. Preußischen Generalmajors und Commendanten der Vestung Minden [...] Aus wahrer und allgemeiner Hochachtung errichtet von den Einwohnern Mindens.«* Demnach hatte die Mindener Bürgerschaft sich eigens für das Ehrenmal stark gemacht. Womit hatte der Verstorbene den außerordentlichen Respekt der städtischen Bevölkerung erlangt? Selbst dem König war diese Zuwendung eine wohlwollende Bemerkung wert: *»Es gereicht Mir zum Wohlgefallen, dass der mit dem Tode abgegangene Kommandant Generalmajor von Schwichow sich die Liebe und Achtung der Bürger und Einwohner der Stadt und Festung Minden in einem so ausgezeichneten Maß erhalten hat.«*

Ernst Michael von Schwichow (1759 bis 1823) stammte gebürtig aus Pommern. Als preußischer Offizier und Regimentskommandeur zeichnete er sich im Laufe der Befreiungskriege mehrfach aus. Hochdekoriert wurde er 1817 nach Minden berufen, wo ihn eine spezielle Aufgabe erwartete: Die alte Feste sollte nach den Befreiungskriegen gegen Napoleon ihre Funktion wieder aufnehmen und den Übergang über die Weser bewachen. Dazu mussten die Wälle und Bastionen aufgestockt und eine große Garnison stationiert werden.

Das bedeutete konkret, Häuser im Bereich zukünftiger Festungswerke abzureißen, Baubeschränkungen in der gesamten Stadt durchzusetzen und Garnisonstruppen

Grabmal für Generalmajor von Schwichow auf der nach ihm benannten Wallanlage

einzuquartieren; Platzknappheit, soziale Spannungen und hygienische Probleme waren programmiert. Trotz alledem gelang es dem neuen Festungskommandanten Schwichow, die auf dem Fuße folgende Umgestaltung positiv zu vermitteln. Er setzte auf die wirtschaftlichen Vorteile, die der neue Status als modern befestigte Garnisonsstadt mit sich bringen würde, und die Stärkung des kulturellen Kapitals durch Fluktuation der Offiziers- und Beamtenfamilien sowie die Verbindung von preußischer und städtischer Oberschicht.

Schwichow gewann das allgemeine Vertrauen, indem er die Vertreter der Stadt mit ihren Anliegen ernst nahm. Ein bemerkenswertes Beispiel für seine Vorgehensweise ist, wie er auf die steigende Infektionsrate der Soldaten mit Geschlechtskrankheiten reagierte: Er ging das Problem sehr konkret an, anstatt sich in gängigen Plädoyers für Enthaltsamkeit zu ergehen. Am 3. November 1817 erließ Schwichow den Befehl, dass jeder Infizierte Ort und Person der Ansteckung melden müsse: *»Kann oder will er dies nicht angeben, so soll er zwar couriert, aber nach der Genesung strenge bestraft werden.«* Auch veranlasste er die Mindener Stadtverwaltung, den registrierten Prostituierten die Auflage zu erteilen, sich einer wöchentlichen Gesundheitsinspektion zu unterziehen. Selbst sein Plan, ein Bordell einzurichten, um der wilden Straßenprostitution den Boden zu entziehen, wurde am 27. Dezember 1823 nach anfänglichen Bedenken vom preußischen Innenministerium genehmigt.

Als Schwichow im Jahr 1818 zum Kommandanten der Festung Graudenz in Westpreußen berufen werden sollte, war er nach nur einem Jahr Dienstzeit in Minden so beliebt, dass die Stadt eine Eingabe an König Friedrich Wilhelm III. richtete, um ihn zu behalten. Und der König stimmte zu: Schwichow blieb also bei »seinen« Mindenern, bis ihn nur fünf Jahre später der Tod ereilte.

Als er am 28. Mai 1823 mit 63 Jahren verstarb, kam es laut Mindener Sonntagsblatt in der Stadt dazu, »dass die Gewerbe stillstanden und die Geschäfte ruhten«, während alle Glocken läuteten. Der Trauer folgte das bekannte Gesuch an den König, Schwichow inmitten seiner Festungsbauten zu bestatten und über dem Grab ein Denkmal zu errichten. Dieser Bitte wurde am 17. Juni stattgegeben; seitdem ist Schwichow mit der Bastion in einem sehr direkten Sinne »eins geworden«. Die martialische Kombination aus Sarggehäuse und Kanonen am Schwichowwall hat auch ihre rührende Seite, wenn man die Hintergründe kennt.

- *Lesetipp: Hans Nordsiek, »Getreue Unterthanen«. Das preußische Fürstentum Minden zur Zeit Friedrichs des Großen, Minden 1986.*
- *Martin Beutelspacher/Christina Hoffmann, Als Minden eine Festung war, Berlin 2000.*

Die Petrikirche mit den Grabsteinen preußischer Beamter

- *Lage: Die Petrikirche liegt in der Mindener Altstadt an der Ritterstraße 3; den rückwärtigen Kirchhof erreicht man über den schmalen Petrikirchweg.*
- *GPS: 52° 17' 12" Nord 8° 54' 49" Ost*

Preußische Religionstoleranz: Grabplatte hugenottischer Flüchtlinge an der Petrikirche

Die Petrikirche aus dem Jahr 1743 liegt versteckt in der Mindener Oberstadt. Selbst mit genauer Adressangabe kann man die kleine Kirche im Gewirr der Altstadtgassen leicht verfehlen, denn der Kirchhof liegt abseits vom Trottoir in zweiter Reihe. Zwar hatte die Kirche von Beginn an mit ihrem aufwendigen Barockportal eine sehenswerte Schauseite zum Zufahrtsweg hin, jedoch ist das Gebäude insgesamt so niedrig, dass es im Straßen- und Stadtbild kaum in Erscheinung tritt. Wer den Kirchhof aber betritt, ist unmittelbar auf einer Insel der Ruhe angelangt.

Früher oder später fallen nun die zahlreichen alten Grabsteine ins Auge, die um die Kirche herum aufgereiht sind. Ihre Inschriften sind noch gut lesbar und nennen hochgestellte Persönlichkeiten mit fremd klingenden Namen: *»Alexander von Beaufort, seiner königlichen Majestät in Preußen hochbestallter Generalmajor und Obrist* *über ein Feldbataillon (gest. 18.4.1743)«, »David Coudelans, Königlich preußischer Sekretarius und Postmeister (5.12.1775 – 19.1.1803)«, »Stephan Mattaeus von Vulson, seiner königlichen Majestät in Preußen hochbestallter Brigadier und Kommandant der Festung Minden (31.6.1650 – 26.3.1718)«.*

Nachdem Minden dem Kurfürstentum Brandenburg zugesprochen worden war, waren jene Beamte und ihre Nachfahren in die Stadt gelangt, deren preußische Amtstitel in die Grabplatten an der Petrikirche gemeißelt sind. Ein großer Teil der wohlhabenden Oberschicht Mindens, vornehmlich Amtsträger der brandenburgisch-preußischen Verwaltung, zählte bis ins späte 18. Jahrhundert zu den Mitgliedern der reformierten Gemeinde.

Das erste Gotteshaus der vom Großen Kurfürsten gegründeten Gemeinde war noch die Schlosskapelle zu Petershagen gewesen, da die Regierung zu dieser Zeit noch auf dem Schloss residierte. Als 1669/70 Regierung und Konsistorium nach Minden verlegt wurden, siedelte auch die reformierte Gemeinde dorthin um: 1674 wurde eine provisorische Kirche auf dem Derenthalschen Hof in Anwesenheit des Kurfürsten Friedrich Wilhelm geweiht.

Viele der Gemeindemitglieder in Minden waren zudem hugenottische Religionsflüchtlinge, die seit 1686 dort eine selbständige französische Gemeinde bildeten. Diese hielt hundert Jahre lang Gottesdienste in französischer Sprache ab, bis sie 1807 mit der deutschen Gemeinde verschmolz. Weil zahlreiche Soldaten ebenfalls zu den Reformierten gehörten, fanden bis zum Beginn des Siebenjährigen Krieges und von 1790 bis 1856 die Garnisonsgottesdienste im Kircheraum der reformierten Gemeinde statt.

Da die Situation in dem verfallenden Hofgebäude zunehmend als unangemessen empfunden wurde, wurde 1739 ein Kirchenneubau beschlossen. Es war der preußische König selbst, der seine Finanzierung ermöglichte: Friedrich Wilhelm I. stiftete zunächst 1.000, später noch einmal 2.000 Reichstaler und gestattete eine landesweite Kollekte zur Begleichung der Baukosten. Daneben ließ er Steine aus dem Hausberger Steinbruch kostenlos zur Verfügung stellen und gewährte, *»dass die Schiffer Steine zur Deckung der Kirche ... von Bielefeld bis Minden frey werden fahren möchten.«*

Schon am 14. September desselben Jahres konnte der Mindener Festungskommandant Oberst von Beaufort den Grundstein legen. Eine eingelassene Silbertafel darin nennt den Namen des Erbauers: Die Kirche sei *»auf Befehl und aus Guthaetigkeit / Des aller Durchlauchtigsten Grosmächtigsten / Königs in Preussen / Herrn FRIEDERICH WILHELMS«* entstanden. Vier Jahre später war die evangelisch-reformierte Pfarrkirche tatsächlich fertiggestellt. Erst über anderthalb Jahrhunderte nach ihrer Errichtung, im Jahr 1897, erhielt die Petrikirche schließlich auch einen Kirchturm. Zur Beschaffung der Glocken stiftete nun auch Kaiser Wilhelm II. 1.350 Mark. Zwei von ihnen haben sich bis heute erhalten; angeblich sind sie aus erbeuteten französischen Geschützen des Krieges von 1870/71 gegossen worden und wären damit eine staatlich subventionierte Umsetzung des Bibelwortes »Schwerter zu Pflugscharen«.

▸ *Lesetipp: Hans-Walter Schmuhl, 250 Jahre Petrikirche in Minden, in: Jahrbuch für Westfälische Kirchengeschichte 88 (1994), S. 84 – 112.*

Die Heeresbäckerei und das Proviantmagazin

‣ *Lage: Die beiden klassizistischen Gebäude liegen inmitten der Mindener Altstadt in nördlicher Nachbarschaft zur Martinikirche am Martinikirchhof.*
‣ *GPS: 52° 17' 19" Nord 8° 54' 55" Ost*

Massiver militärischer Zweckbau mit klassizistischer Eleganz: die Heeresbäckerei

Die heute als »Martinihaus« und »Weserkolleg« bekannten ehemaligen Militärgebäude am Martinikirchhof bilden in Minden ein Gegengewicht sowohl zu den mittelalterlichen Sakralbauten als auch zu den Profandenkmälern der Renaissance. In ihrer Monumentalität und klassizistischen Durchformung sind sie einzigartig in Westfalen – wenn auch nicht von Schinkel persönlich angelegt, wie manchmal behauptet.

Auch als »Körnerhaus« bezeichnet: das Proviantmagazin

In der Regel gingen die militärischen Architektur-Entwürfe nicht durch die Hände der Oberbaudeputation, sondern wurden vom Allgemeinen Kriegsdepartement genehmigt. So findet sich im Archiv die *»Zeichnung zu einem bombensichern Proviant-Magazin in der Festung Minden [...] Revidiert in der Ingenieur-Abtheilung des königlichen Allgemeine Kriegs Departements Berlin im October 1834«* oder auch der *»Entwurf zur Einrichtung des Ofens No. 3 in der Königlichen Garnison Bäckerei zu Minden zur Heizung mit Steinkohlen. / Bearbeitet zufolge Verfügung des Königlichen Allgemeinen Kriegs Departements vom 13t Januar 1864«.*

Das *»Körnerhaus«* und die Heeresbäckerei bilden aber nicht nur unter architektonischen Gesichtspunkten eine Einheit, sondern auch in ihrer aufeinander abgestimmten Funktion. Die Bäckerei wurde bereits von 1832 bis 1834 erbaut. Im Erdgeschoss, 1,30 Meter unter dem Geländeniveau, befanden sich die Brot- und Backstube mit einer neuartigen Steinkohlefeuerung, im ersten Obergeschoss die Wohnung des Backmeisters und eine Mehlkammer. Darüber war die beschusssichere Bombenbalkendecke eingezogen. Das Dachgeschoss und zwei Böden dienten schließlich noch als Lagerräume.

Diese ausgewogene Proportionierung war anspruchsvoller, als es für ein derartiges Zweckgebäude eigentlich zu erwarten war. Die hohen Rahmenblenden um die Fenster mit ihren Stichbögen bilden ein auffallendes und in der zeitgenössischen Architektur unverwechselbares Motiv. Ein ähnliches Rahmensystem setzte Schinkel bereits 1818 an der Kaserne der »Lehreskadron und Militär-Arrestanstalt« in Berlin ein, um die Fassade zu gliedern, außerdem finden sich entsprechende Studien von 1830/31 in den Skizzen zu seinem geplanten architektonischen Lehrbuch.

Angrenzend zur Bäckerei wurde in den zwei folgenden Jahren das Magazin für die von den Militärs benötigten Lebensmittelvorräte errichtet; so lag es auch in unmittelbarer Nachbarschaft zum Markt. Der weite Platz um den Kirchhof ermöglichte außerdem, was an keiner anderen Stelle der engen Festungsbebauung möglich war: eine größere Anzahl von Fuhrwerken für den Abtransport zu koordinieren und Waren zu stapeln. Für die Zulieferer wiederum war das Magazin von allen Stadttoren in ungefähr der gleichen Entfernung erreichbar.

Der Standort war perfekt gewählt, aber der Entwurf für das Gebäude war offenbar verbesserungswürdig. Das Kriegsdepartement überarbeitete den Bauplan im Stile preußischer Baugesinnung: Eine gründliche Straffung der Fassaden und Dachkörper war dafür typisch. Außerdem fügten die Berliner einen Garten für die Aufseherwohnung, einen Holzschuppen und zwei Aborte hinzu. Auch Details wie Aschen- und Müllkasten wurden in der Nordostecke vorgesehen – sie haben sich offenbar bis heute dort bewährt.

Beide militärisch äußerst bedeutungsvollen Objekte erhielten ihren Standort im Zentrum der Stadt, wo sie vor Überschwemmungen geschützt und am leichtesten zu verteidigen waren. Auch die Hauptwache, der Verwaltungsmittelpunkt der Garnison, befand sich in unmittelbarer Nähe. Durch die Positionierung an diesem städtebaulichen Knotenpunkt konnte das Kommissbrot stets frisch an die Festungstruppen ausgeliefert werden. Das monumentale Ensemble am heutigen Friedensplatz vertritt damit die Militärbaukunst Preußens, die vor allem geschickte Planungskunst war.

▸ *Lesetipp: Bau- und Kunstdenkmäler von Westfalen, Bd 2: Stadt Minden, Essen 1998, S. 667–692.*

Das Mindener Kreisgericht mit seiner Gefangenenanstalt

- *Lage: Die Gebäude befinden sich in der Mindener Altstadt an der Kampstraße 39.*
- *GPS: 52° 17' 22" Nord 8° 54' 54" Ost*

In einem Hinterhof an der Mindener Kampstraße findet sich ein eigentümlicher Ort: ein ehemaliges preußisches Gefängnisgebäude – zweckentfremdet als Aktenlager, wie durch die hohen Gitterfenster eben noch zu erkennen ist. Der schlichte, dreigeschossige Putzbau des ausgehenden Klassizismus mit strengen Fenstergewänden auf hohem Souterrainsockel stammt aus dem Jahr 1858.

Der Gefängnishof mit seinen hohen Mauern vermittelt einen ungefähren Eindruck davon, wie es gewesen sein muss, hier einzusitzen und vom Leben der Straße weggesperrt zu sein. Solche Einblicke sind selten. Die Anlage ist überhaupt ungewöhnlich, denn sowohl das dazugehörige Kreisgericht, dessen Fassade sich an der Straße erstreckt, als auch das dahinter gelagerte Kreisgefängnis dehnen sich nach hinten aus. So liegt die Front jeweils an der Schmalstatt an der Längsseite, was in den Gegebenheiten des extrem lang gezogenen Grundstücks begründet ist. Weil in der Festung Minden Mitte des 19. Jahrhunderts akute Raumnot herrschte, waren unkonventionelle Lösungen erforderlich gewesen, um den vorhandenen Platz bestmöglich auszuschöpfen.

In diesem Fall stammte die Planung aus der Hand des renommierten Architekten und Schinkel-Assistenten Carl Ferdinand Busse. Als Mitglied der preußischen Oberbaudirektion zeichnete er für Landbauten in Westfalen, Schlesien und der Rheinprovinz verantwortlich. Zu seinen Hauptwerken zählen neben dem Mindener Gefängnis samt zugehörigem Kreisgericht auch die Gefängnisse Moabit und Aachen sowie die Landgerichte von Arnsberg, Elberfeld und Bonn. Seiner Idee zufolge wurden in Minden beide Gebäude hintereinander in der Tiefe des schlauchartigen Grundstücks angelegt, auf dem zuvor ein Adelshof mit Wohnhaus und Nebengebäuden gestanden hatte. Das Hauptportal des dreigeschossigen Gerichtsgebäudes wandte sich zur Kampstraße, seitlich schlossen sich zwei eingeschossige, etwas zurückversetzte Anbauten an, die je drei Fensterachsen und einen rundbogigen Tordurchlass aufwiesen. Das Gefängnis war analog dazu konzipiert.

Für 11.000 Taler hatte der Geheime Regierungsrat Winkelmann das Grundstück an der Kampstraße im Jahr 1853 erworben, damit dort die neuen Justizgebäude errichtet werden konnten. Die Baukosten für den gesamten Komplex beliefen sich auf 69.750 Taler, wie ein *»Erläuterungsbericht zu den Plänen und Kostenanschlägen über den Neubau eines Kreisgerichtsgebäudes und eines Gefängnisses in Minden«* aus dem Folgejahr festhielt. Der Bezug konnte nach fünf Jahren erfolgen.

Mit Erstarken des brandenburgischen Staates war wieder ein landesherrliches Gericht in Minden entstanden, nachdem das bischöfliche seine Funktion im 16. Jahrhundert fast vollständig zugunsten des städtischen Gerichts verloren hatte. 1849 bewirkte nun die preußische allgemeine Gerichtsreform neben der Auflösung der noch bestehenden Privatgerichte, dass die damals sogenannten Stadt- und Landgerichte zu Kreisgerichten gewandelt wurden. Die Inquisitoriate wurden aufgelöst, an ihre Stelle traten die Staatsanwaltschaften.

Durch Verordnung vom 2. Januar 1849 wurde in Minden das Kreisgericht als Kollegialgericht mit einer Deputation in Petershagen eingerichtet. In direkter Folge wurden die beschriebenen Gerichtsgebäude gebaut, die das koordinierte Vorgehen des preußischen Staats bei der Gerichtsreform dokumentieren. Nach dem preußischen Kreisgericht zog in späteren Zeiten das Amtsgericht in die Räumlichkeiten und nutzte das Gefängnis für sich. 1945 wurde das Gerichtsgebäude durch zwei Fliegerbomben getroffen und durch Brand schwer beschädigt; deswegen ist nur noch das preußische Gefängnisgebäude original erhalten.

Gitterfenster und übermannshohe Mauern säumen den ehemaligen Gefängnishof

Das Kurfürstendenkmal an der Weserbrücke

- *Lage: Der Denkmal hat seinen Platz am westlichen Brückenkopf der Mindener Weserbrücke (Kaiserstraße).*
- *GPS: 52° 17' 22" Nord 8° 55' 20" Ost*

Blickt auf Minden: der Große Kurfürst auf seinem Sockel

In energischer Schrittstellung präsentiert sich die über drei Meter hohe Bronzefigur des Großen Kurfürsten von 1898 an der Mindener Weserbrücke. Am knielangen Tressenrock sind Bruststern und Schulterband des englischen Hosenbandordens angeheftet; in der rechten Hand hält er den Kommandostab des Feldherrn, die Linke ruht auf dem Degen der schweren Kavallerie. Accessoires wie Reiterstiefel und Federhut unterstreichen ebenfalls den militärischen Charakter.

Ursprünglich war das repräsentative Kurfürstendenkmal in Minden nur ein Provisorium gewesen. Für einen Besuch Kaiser Wilhelms II. nebst Gattin hatte Stadtbaurat Kersten am Wesertor eine 2,80 Meter hohe Statue des Großen Kurfürsten aus getöntem Gips aufstellen lassen. Der Bildhauer Fritz Kretschmar hatte sie geformt, um der *»dankbaren Rückerinnerung an die 250jährige Angehörigkeit unserer Stadt zum Hohenzollernstaat Ausdruck zu geben.«*

Im Jahr der Denkmalsenthüllung gehörte Minden nämlich seit genau zweieinhalb Jahrhunderten zu Brandenburg-Preußen.

Doch weil das Kaiserpaar sich anerkennend äußerte und die Statue auch in Mindens Bürgerschaft viel Zuspruch fand, entstand die Idee, ein dauerhaftes Denkmal nach der Gipsfigur zu erschaffen. Es fanden sich genug spendenwillige Bürger, die das Projekt unterstützten. Am 2. August 1899 sprach der Kaiser persönlich die erforderliche Genehmigung aus. Den Wettbewerb für das Denkmal gewann der westfälische Bildhauer Wilhelm Haverkamp, der nach seiner Ausbildung im Berliner Atelier von Professor Schaper arbeitete.

Seine Gestaltung des Mindener Kurfürstendenkmals brachte ihm Aufmerksamkeit von höchster Stelle: Kaiser Wilhelm II. sollte dem Künstler zukünftig noch eine Fülle von Aufträgen für offizielle Denkmäler erteilen, auf deren Ausführung er hin und wieder persönlich Einfluss nahm. Auch in Minden ließ er es sich nicht nehmen, bei der künstlerischen Umsetzung mitzureden: so wollte er den Sockel reicher und nach dem Vorbild des Wiesbadener Kaiser-Friedrich-Denkmals von Joseph Uphues gestaltet wissen.

Die Aufstellung des Mindener Denkmals erfolgte in der ersten Junihälfte 1901, so dass es am Jahrestag der Schlacht bei Fehrbellin (1675), also am 18. Juni, feierlich enthüllt werden konnte. Das Denkmal sollte nach den Festreden *»allen Zeiten Zeugnis von unserer vaterländischen Gesinnung und westfälischen Treue abgeben«*. Denn damit war es wohl zu Zeiten des Westfälischen Friedens nicht zum Besten gewesen, wie aus der Ansprache des Regierungspräsident herauszuhören war: *»Das Stift Minden war allerdings nicht übermäßig beglückt [...], insbesondere die Stadt Minden [...] ahnte nicht den Segen des Anschlusses an den kraftvollen brandenburgischen Staat.«* Doch er versicherte, dass man nun dankbare Genugtuung empfinde, am steigenden Ruhm des preußischen Staates Anteil zu nehmen. Ironischerweise führte die Organisation des Festakts zu erneuter Verstimmung auf Seiten der Mindener Untertanen, denn Wilhelm II., mit dessen Erscheinen zur Einweihung fest gerechnet worden war, ließ sich durch den Kronprinzen vertreten. Der Kaiser weihte zum gleichen Zeitpunkt einen Zweitguss des Denkmals vor der Marineakademie in Köln ein.

Diese Wechselfälle schlugen sich in der Einrahmung des Denkmals und seiner Positionierung im städtischen Raum Mindens nieder. Nicht nur der Sockel wurde im Laufe der Jahrzehnte dreimal anders ausgestaltet – vom verzierten Drei-Meter-Granit-Sockel über einen schlichten Vier-Meter-Sandstein-Sockel bis zum 1,50 Meter hohen Betonsockel – auch die Blickrichtung des Großen Kurfürsten änderte sich mehrfach. Sollte er auf seine Untertanen, in Richtung Mindener Regierung oder stadtauswärts nach Berlin schauen? Dass diese Frage auch heute noch symbolisch aufgeladen ist, zeigen empörte Bürgerproteste gegen eine künstlerische Aktion, bei der das Denkmal erst kürzlich um seine eigene Achse gedreht wurde: Zum allgemeinen Missfallen wies die Statue plötzlich in Richtung Bahnhof – was als provokatives Zeichen der Abwendung begriffen wurde.

▸ *Lesetipp: Mindener Museum (Hrsg.), Historische Stadtrundgänge Minden/Preußentour, Minden 1996.*

Das Empfangsgebäude des Mindener Bahnhofs

- *Lage: Während die Mindener Altstadt auf der westlichen Weserseite liegt, befindet sich der Bahnhof auf der östlichen Weserseite inmitten der Bahngleise.*
- *GPS: 52° 17' 26" Nord 8° 56' 4" Ost*

Das vornehmlich im Stil der Tudor-Gotik errichtete Empfangsgebäude des Mindener Bahnhofs von 1847/48 zählt zur ersten Generation von Bauten an den entstehenden Eisenbahnstrecken, die für das 19. Jahrhundert wesentlich waren. Die überregionale Bedeutung ist nicht zu unterschätzen, sind doch kaum andere architektonische Zeugnisse der ersten größeren Eisenbahnstrecke Nordwestdeutschlands überliefert. Ihr Großteil wurde schon um 1910 bei der Erweiterung der Anlage durch Neubauten ersetzt. Doch auch die lokale Besonderheit lohnt den Blick, denn obschon das Gebäude in der grundsätzlichen Konzeption dem Bahnhofsgebäude in Düren bei Köln folgt, wurde es ansonsten speziell auf die Mindener Bedürfnisse zugeschnitten.

Der außergewöhnliche Aufwand hatte damit zu tun, dass sich hier zwei Bahngesellschaften trafen, die beide die Hälfte der Streckenführung übernahmen: die Köln-Mindener Eisenbahn und die Hannoversche Staatseisenbahn. Schon 1841 waren die Bedingungen für die Zusammenarbeit in einem Staatsvertrag zwischen den Königreichen Preußen und Hannover niedergelegt worden. Zu den Anforderungen gehörten folglich nicht nur doppelte Verwaltungen, doppelte Gepäckaufgaben und Fahrkartenschalter, sondern auch die Abfertigung der Königlich Preußischen Zollverwaltung, worauf heute noch ein preußisches Wappenschild in den Giebelfeldern hinweist. Zwei gemeinsam genutzte Wartesäle I. / II. und III. / IV. Klasse, mehrere Dienstwohnungen für leitende Beamte und ein großes Bahnhofsrestaurant samt Wohnung für den Wirt kamen noch hinzu. Nicht zuletzt wurde das gesamte Bahnhofsgebäude mittig zwischen die Gleiskörper gestellt.

Als die Stadt Minden an die Eisenbahn angeschlossen wurde, galten die fortifikatorischen Bahnhofsanlagen mit den drei Forts A, B und C als Schulbeispiel neupreußischer Festungsmanier. Sie sollten den strategisch wichtigen Grenzbahnhof von Minden-Ravensberg gegen das Königreich Hannover sichern. Deswegen erfolgten erste Umbauten der Anlage auch erst mit der Annexion Hannovers durch die Preußen im Jahr 1866. Der befestigte Bahnhof verstärkte jedenfalls die Festung an ihrer schwächsten Seite. Dafür hatte der preußische Staat ein Siebtel der Bahn-Aktien gezeichnet und sich verpflichtet, die Kosten für die Durchbrechung der alten Festungswerke aufzubringen. Nördlich der Weser entstanden nun weitere Staatsbauten wie die Oberpostdirektion, der befestigte Weserhafen oder die Bahnhofskaserne. Der Standort der modernen Gebäude am rechten Weserufer sollte vor Hochwasser schützen.

Doch gerade deswegen kam es zu Protesten und Eingaben der Bürgerschaft, die den Ruin der Altstadt befürchtete, wenn außerhalb des Stadtkerns ein neues Zentrum entstünde. Tatsächlich war das Gegenteil der Fall: Die Eisenbahn sicherte den Anschluss Mindens an den überregionalen Handel, denn die Weser hatte sich zum Gütertransport als wenig geeignet erwiesen. Die Trasse folgte weitgehend der ab 1798 über Minden verlegten ersten Chaussee durch Minden-Ravensberg (Porta Westfalica – Gohfeld – Herford – Bielefeld). Regierungsassessor Quentin aus Düsseldorf berichtete im Oktober 1837 nach Berlin: *»Schon die Aussicht, dass Minden dereinst der Endpunkt der westphälischen Eisenbahn sein solle, ruft einzelne gewerbliche Versuche hervor.«*

Zwischen den Gleisen platziert: der Mindener Bahnhof

Als Arbeitgeber sollte die Eisenbahn künftig eine überragende Rolle in der gesamten Region spielen. Nicht nur die fortgesetzten Bauarbeiten, sondern schon der laufende Betrieb von Doppelbahnhof, zugehörigen Wagen- und Lokomotivwerkstätten und Rangierbahnhof sorgten für Beschäftigung. Für die Bahnhofsgebäude wurden außerdem weitgehend lokale Materialien genutzt: Die Sandsteinblöcke wurden beim Durchbruch der Bahnstrecke durch den Wiehenkamm bei Porta-Westfalica gewonnen, die Hintermauerung aus Backstein wurde mit Lerbecker Zement gebunden, und die Zierelemente aus Gusseisen stammten aus der Mindener Eisengießerei Dinnendahl. Der aus Minden stammende Oberpräsident der Provinz Westfalen, Freiherr von Vincke, hatte diese wirtschaftlichen Chancen für Minden-Ravensberg früh erkannt und sich deswegen vehement für den Eisenbahnbau eingesetzt.

▸ *Lesetipp: Karl-Peter Ellerbrock/Marina Schuster (Hrsg.), 150 Jahre Köln-Mindener Eisenbahn, Essen 1997, S. 161–171.*

GRAFSCHAFT HOYA
Weser Fl.
Stolzenau
Schlüsselburg
Nendorff
Warmsen
Stelhorst
Bohnhorst
Heuerforde
Westenfeldt
Diepenau
HES
Amt Uchte
SISCH
Brüninghorstede
Mäslingen
Eldagsen
Mastrdgen
Mindner Wald
PETERSHAGEN
Friedewald
Gutfelde
Holzhausen
Stemmern
Toeltenhausen
Hille
Wickriede
Dreierskrug
Trottheim
Nordhemmern
Küttenhausen
Südhemmern
Hartum
Eickhorst
auf der Heyde
Hahlen
MINDEN
Die Pastau
Hummelbeck
Seegeberg
Gliese
Buchholz
Grossen Heerse
Hovern
Ovenstadt
Windheim
Ilse
Joessen
Lahde
Quetzen
Lohhäuser
Ilserheide
Raderhorst
Frille
Wietersheim
Päpinghausen
Zeteln
Aminghausen
Hasenkamp
Behrenbusch
Danckhersen
Dankelmanns
Noth Thurm
Meisen
Neesen
Betzen
Hockesau
Seelenfeld
Heimsen
Ilvese
Doeren
Neuen Knick
Wolfhagen
Rosenhagen
Lokum
Hilben
Bobbel
Rehen
1
2
3
4
5

Route 8

Minden und Petershagen

Der Maulbeerbusch an der Stemmer Landstraße

▸ *Lage: Die Maulbeerbäume befinden sich an der von Minden aus nordostwärts führenden Stemmer Landstraße (L 764) in Höhe des Abzweigs Maulbeerkamp.*

▸ *GPS: 52° 19' 31" Nord 8° 52' 56" Ost*

1988 wurden im Mindener Stadtteil Stemmer auf einer Fläche neben der Landstraße fünfunddreißig weiße Maulbeerbäume gepflanzt. Das heute zum Busch ausgewachsene »Naturdenkmal« nebst hölzerner Informationstafel erinnert an ein merkantilistisches Großprojekt der besonderen Art: die Zucht von Seidenraupen in Ostwestfalen, um aus deren Kokons Rohseide zu gewinnen.

Das klingt zunächst eigenartig; wenn man aber bedenkt, dass Tabak oder Kartoffeln aus den Anden sehr erfolgreich zu Produkten der Region gemacht wurden, wird das Kalkül dahinter verständlich. Friedrich der Große begründete im 18. Jahrhundert eigenhändig die Preußische Seidenindustrie, um auf diese Weise Importkosten von jährlich mehreren Millionen Talern für chinesische oder auch französische Seide zu sparen. Für die Produktion des begehrten Rohstoffs mussten zuerst Maulbeerbäume angepflanzt werden, deren Blätter dann an die Seidenspinnerlarven verfüttert wurden.

Erinnern an die preußische Seidenraupenzucht: Maulbeerbäume in Stemmer

Gleichzeitig hoffte der preußische Staat auf den positiven Nebeneffekt, Lohnkosten niederer Beamter gering halten zu können, wenn diese im Seidenanbau einen Zuverdienst finden würden. So wurden Friedhöfe, kirchlicher Grund und Boden sowie Schulhöfe mit tropischen Maulbeerbäumen bepflanzt. Bei der Besetzung frei gewordener Küster- und Landschulmeisterstellen sollten – wie es 1794 heißt – die Bewerber ihre Geschicklichkeit in der Maulbeerbaumzucht und im Seidenbau nachweisen. Auch wurde ein *»Verein zur Beförderung der Bienenzucht und des Seidenbaus für Westfalen und Rheinland«* gegründet.

In Minden-Ravensberg finden sich ab dem 18. Jahrhundert Maulbeeranpflanzungen um Lübbecke; Weddigen erwähnt sie für Herford. Noch 1855 wies das preußische Innenministerium den Brackweder Amtmann Köster an, die Seidengewinnung zu befördern, weil sie ein *»leicht verdienter Unterhalt für Arbeitsunfähige und Alte«* sei.

Dem scheinen die guten Prognosen zu entsprechen, die Julius Grussendorf 1857 an Landrat von der Horst in Hollwinkel (▸ Route 6, Station 1) für seine Seidenraupenzucht stellte: Wer Energie und Ausdauer genug habe – so versprach der Lehrer, Kantor und Küster aus Dielingen – der werde, wenn er drei Jahre lang *»auf zwar mäßige Weise für Nahrung gesorgt habe, für seine sechswöchige Arbeit reichen Lohn«* finden. Doch das war ein frommer Wunsch, mehr nicht: Grussendorf blieb stets auf staatliche Zuschüsse angewiesen und konnte nie eigenen Gewinn erwirtschaften. Noch am 30. August des selben Jahres bat er die Bezirksregierung in Minden um finanzielle Unterstützung für seine *»Rauperei«*.

Dieses Scheitern war kein Einzelfall; zahlreiche Beispiele lassen sich dafür in der Region sammeln. So waren die immerhin 4.000 Setzlinge, die eine Kauffrau Haase aus Heepen 1856 gepflanzt hatte, zunächst gut gediehen, erfroren aber im Winter alle auf einen Schlag. 1858 resümierte der landwirtschaftliche Kreisverein: *»Von den gepflanzten jungen Maulbeerbäumen ist ein großer Teil trocken geworden. Sie wur-*

Ein Hinweisschild erklärt den historischen Hintergrund

den nicht ersetzt. Gut gewachsen sind die Bäume auch nicht. In denselben ist kein Gedeihen. [...] denselben scheint es hier zu kalt zu sein.«

Die damals verwendete Maulbeerart »Morus alba«, an die am Maulbeerkamp mit einer nun robusteren Sorte erinnert wird, war subtropischer Herkunft und liebte warme Standorte. So war der letzte Baum der ursprünglichen Pflanzung in den 1930er Jahren eingegangen. Die ostwestfälische Kälte machte die Bäume anfällig für Schädlingsbefall. Es nützte nichts, dass ein Preußisches Edikt von 1718 verfügte, *»dass diejenige, so boßhafter weise denen Maulbeer- und andern fruchtbahren Bäumen Schaden zufügen mit Staupen-Schlag oder Vestungs-Bau bestraffet werden sollen«.* Die Bäume gingen einfach von selbst ein. Auch konnten die Seidenspinner-Larven die Blätter der veredelten Maulbeerbäume nicht richtig verdauen und starben oftmals, bevor die Seidenfaden-Produktion richtig anlaufen konnte. Das Stemmer Maulbeer-Wäldchen ist insofern stummer Zeuge dafür, wie eine hartnäckig verfolgte Idee an der Natur selbst scheiterte; so betrachtet passt dessen Verwilderung gut ins Bild.

‣ Lesetipp: Heinz-Ulrich Kammeier, Von Grains, Cocons und Spinnhütten. Seidenraupenzucht im Kreis Lübbecke im 19. Jahrhundert, in: Der Minden-Ravensberger (2002), S. 49–53.

Das Todtenhäuser Denkmal zur Schlacht bei Minden

‣ Lage: Das Denkmal befindet sich im nördlich des Mindener Stadtkerns gelegenen Ortsteil Todtenhausen nahe der parallel zur Weser verlaufenden B61 an der Straße »Am Denkmal«.
‣ GPS: 52° 19‘ 9“ Nord 8° 55‘ 7“ Ost

Das Denkmal der Schlacht bei Minden in Todtenhausen war jahrelang wegen Baufälligkeit von einem Zaun umhegt. Alljährlich zur Gedenkfeier von Bürgerbataillon und Royal British Legion wurde die Absperrung – nach Prüfung durch Fachleute – für einen Tag entfernt, um eine Kranzniederlegung auf dem Sockel zu zelebrieren. Nach den Feierlichkeiten ließ die Stadtverwaltung den Zaun wieder aufstellen, denn Rostschäden am Eisengerüst im Inneren des Denkmals hätten dazu führen können, dass Außenteile abfielen. Das Monument ist immerhin 150 Jahre alt; als *»Bauwerk in gothischem Style, 40 Fuß hoch, mit gothischen Türmchen verziert«* errichtete es der Mindener Baumeister Wilhelm Moelle zur Einhundertjahrfeier der glorreichen Schlacht bei Minden im Jubiläumsjahr 1859. Nun, wo bereits das 250jährige Sieges-Jubiläum in Minden aufwendig gefeiert wurde, ist es endlich auch gelungen, das prächtige Monument zu sanieren.

Zu sehen sind darauf vier Kriegshelden: Die Westseite des viereckigen Turms ziert das Medaillon Herzog Ferdinands von Braunschweig, der als preußischer Oberkommandierender die alliierten Truppen

Über Jahre praktizierter Denkmalschutz: Monument und Zaun

anführte. Er war ein jüngerer Bruder des auf der Südseite abgebildeten Erbprinzen Karl von Braunschweig, der über das Wiehengebirge nach Gohfeld gesandt worden war, um die Rückzugsmöglichkeiten der feindlichen Truppen abzuschneiden. Die Nordseite zeigt Graf Wilhelm von Schaumburg, der mit seiner modernen Artillerie den Angriff des rechten Flügels der französischen Armee abwehrte. An der Ostseite schließlich findet sich ein Abbild Friedrichs des Großen. Letzterer hatte zwar mit dem Schlachtgeschehen nicht unmittelbar zu tun, regierte aber Preußen während des Siebenjährigen Kriegs, zu dem die Schlacht bei Minden zählte.

Seine Abbildung unterstreicht den Versuch der Initiatoren, den globalen Kriegskonflikt in ein preußisch-deutsches Nationalereignis umzudeuten. Das Denkmalskomitee konstituierte sich nicht zufällig am 24. Januar, dem Geburtstag König Friedrichs II. Als patriotische Heldentaten vermeldete das Minden-Lübbecker Kreisblatt monatelang die Spendeneingänge des Jahres 1859. Bis zum Vorabend der Enthüllung waren 3.809 Taler, 7 Silbergroschen und 7 Pfennige zusammen gekommen. Im Spendenaufruf machte die Redaktion die Schlacht zu *»Friedrichs Sache«* und sprach von den *»Großthaten der Vorväter«*, obwohl mehrheitlich ortsfremde Truppen eingesetzt waren. Preußen war damals durch den Ausgang der Schlacht zwar kurzfristig entlastet worden, aber für Großbritannien als Weltmacht brachte der Sieg deutlich mehr langfristige Vorzüge, weil in der Folge Kanada endgültig als Kolonie gewonnen werden konnte. Noch heute feiern einige britische Regimenter den »Minden Day«, der auch »Roseday« genannt wird, weil die Soldaten ihre Helme vor lauter Siegesfreude mit Rosen aus den Bauerngärten schmückten.

Denn das Schlachtgeschehen von Minden bildete eine wichtige Etappe des Siebenjährigen Krieges (1756 – 63), der zwischen den Großmächten Großbritannien und Frankreich ausgetragen wurde, um die Vormachtstellung in Europa und Nordamerika zu erringen. Preußen war dabei in eine eigene Auseinandersetzung mit Russland, Österreich und Schweden verwickelt. Im Westen Deutschlands trafen nun beide Kriegsparteien mit ihren deutschen Verbündeten aufeinander. Am 1. August 1759 standen sich nahe Minden 45.000 Mann unter dem Herzog von Braunschweig und 37.000 unter Marschall Contades gegenüber: Hannoveraner, Briten und die verbündeteten Preußen, Hessen und Schaumburger auf der einen, Franzosen und verbündete Sachsen auf der anderen Seite.

Unvergesslich machte den Ablauf der Schlacht, dass erstmalig in der Geschichte der Kriegsführung ein Infanterieangriff auf feindliche Kavallerie gelang; die hannoverschen Fußtruppen rückten trotz schweren französischen Artilleriefeuers unerschütterlich vor. Denn mittlerweile war die Präzision der Gewehre der Infanteristen so weit entwickelt, dass die Hieb- und Stichwaffen der Reiterei nicht mehr dagegen ankamen. Sogar auf 200 Schritt Entfernung konnte sicheres Schussfeuer gezündet werden. Zwar griffen die Franzosen an der Nordflanke bei Todtenhausen mit eigener Infanterie an; diese wurde jedoch von der preußisch-hessischen Kavallerie zurückgeschlagen.

Die einzige Rückzugsmöglichkeit in Richtung Westen über die Gohfelder Werrebrücke war versperrt, denn 10.000 Soldaten unter Karl von Braunschweig waren erfolgreich gegen die französischen Nachschublinien vorgerückt. Die Gohfelder »Blutwiesen« erhielten als entscheidender Nebenkriegsschauplatz damals ihren Beinamen. Der Standort war vorher strategisch gewählt worden, denn die französischen Heere trafen schon *»post Trinitatis bey Gohfeld, und tags darauf in Minden ein. Von diesem Tage an haben wir in Schnathorst viel gelitten«*, wie der örtliche Chronist berichtete, *»jedoch bey weitem nicht so viel, als unsere Nachbarn. Und da sie 3½ Woche [...] im Lager gelegen, sind alle Kornfrüchte von ihnen abgemehet und forragiert worden.«*

Für die normale Bevölkerung waren Belastungen durch verbündete Truppen in der Regel fast genauso schwer zu ertragen wie durch feindliche. Als nach Kriegsende am 13. März 1763 ein Dankgottesdienst in den Kirchen von Gohfeld, Mennighüffen und Löhne stattfand, dichtete der beliebte Gohfelder Pfarrer Weihe ein *»Danklied für den allgemeinen Frieden«*. Das Denkmal in Todtenhausen steht für Glanz und Elend der preußischen Kriegskunst gleichermaßen.

▸ *Lesetipp: Martin Steffen (Hrsg.), Die Schlacht bei Minden – Weltpolitik und Lokalgeschichte, Minden 2008.*

Das Schloss zu Petershagen an der Weser

▸ *Lage: Das Schloss Petershagen liegt an der Weser – nahe der Brücke – in der Stadt Petershagen.*
▸ *GPS: 52° 22' 45" Nord 8° 58' 15" Ost*

Schloss Petershagen wurde im 17. Jahrhundert Kulisse für ein politisch wichtiges Ereignis: Hier huldigten die Landstände des Fürstentums Minden dem Kurfürsten Friedrich Wilhelm I. von Brandenburg, der das säkularisierte Bistum als Kompensation für das an Schweden abgetretene Vorpommern in Besitz nahm. Das denkwürdige Ereignis fand im Zuge der Neuordnung der Landkarte nach dem Dreißigjährigen Krieg statt. Im Westfälischen Frieden von 1648 hatte der Kurfürst das jetzt säkularisierte Fürstentum Minden zugesprochen erhalten, doch die schwedische Besatzungsmacht räumte das Fürstentum erst nach langen, zähen Verhandlungen und zusätzlichen Geldzahlungen. Denn Minden war im Sommer 1633 nach dem Sieg der Schweden bei Hessisch-Oldendorf in schwedischen Besitz übergegangen. Die Besatzer hatten besonders auch die Amtshäuser geplündert; so waren im Oktober 1649 auf Schloss Petershagen nur noch einige eiserne Öfen vorhanden, und es häuften sich Klagen und Beschwerden. Schließlich baten die Stände den Großen Kurfürsten um Hilfe, der also versuchte, die schwedischen Machthaber zur Schonung Mindens zu bewegen. Nachdem die Schweden zunächst auf Zahlung aller Satisfaktionsgelder beharrten, konnten beide Parteien sich schließlich auf realisierbare Übergabekonditionen einigen.

Schloss Petershagen war im Jahr 1650 Kulisse für die Huldigungsfeierlichkeiten

Das Schloss bot den entsprechenden Rahmen für eine symbolische Inbesitznahme. Ursprünglich als repräsentativer Wohnsitz des Bischofs von Minden, Gottfried von Waldeck, im Jahr 1306 erbaut, war es später erweitert worden, um die Landesverwaltung aufzunehmen. Der Ausbau zur Festung zusammen mit den Burgen Rahden und Schlüsselburg sicherte den nordöstlichen Teil des Fürstbistums. Dafür wurden

Kasematten, Wallgräben und Landwehren auf der Landseite angelegt, der Flusslauf der Weser tat sein Übriges auf der anderen Seite. Mitte des 16. Jahrhunderts beauftragte Bischof Franz II. von Waldeck den Baumeister Jörg Unkair, die Burg im Stil der Weserrenaissance umzubauen. Dunkler Porta-Sandstein und heller Obernkirchner Sandstein prägen seitdem jenen repräsentativen Anblick, der auch die Huldigungsteilnehmer am 22. Februar 1650 erwartete, als Domkapitel und Ritterschaft – die beiden ersten Stände des Fürstentums Minden – sich im festlich geschmückten Rittersaal versammelten.

Auf der eigens dafür gezimmerten Empore hatte der Kurfürst mit seiner Gemahlin Luise Henriette Platz genommen – umringt von großem Gefolge. Ein Abgesandter des Kaisers leitete den historischen Akt ein. Für den Kurfürsten ergriff der brandenburgische Geheimrat Freiherr von Löwen das Wort und bestätigte die Standesprivilegien, für die ravensbergischen Stände gelobte ein abgeordneter Rechtsberater Treue und Gehorsam gegenüber dem neuen Landesherrn. Dann sprachen alle den Huldigungseid nach und riefen mit erhobenem rechtem Arm dreimal laut »Vivat Brandenburg«. Tags drauf huldigten die Vertreter der Stadt, im Anschluss nahm der Kurfürst per Handschlag noch das Treuegelöbnis aller Pfarrer des Landes entgegen. Bevor der neue Landesherr am 24. Februar nach Berlin aufbrach, besichtigte er noch die Stadt Minden und ritt um ihre Befestigungswerke herum. Von nun an gehörte das Fürstbistum zu Brandenburg-Preußen und war außerdem zum weltlichen Fürstentum geworden.

Der preußische Herrscher hatte über den Stellenwert dieser Erwerbung kein Blatt vor den Mund genommen und seine neuen Untertanen wissen lassen, dass er die Herrschaft über Pommern der westfälischen Provinz vorgezogen hätte. Der Besitz Vorpommerns hätte – ganz im Sinne der späteren preußischen Erwerbungspolitik – den Zugang zur Ostsee mit weitreichenden wirtschaftlichen und politischen Möglichkeiten bedeutet. »Preußen im Westen« nahm dennoch seinen Lauf, und Schloss Petershagen wurde für die nächsten zwanzig Jahre zum Sitz der brandenburgischen Regierung. Später äußerte sich der Urenkel des Großen Kurfürsten, Friedrich II., in seinem politischen Testament von 1768 über die Bewohner des Fürstentums: *»Es ist das beste Volk von der Welt, betriebsam, emsig und treu.«*

▸ *Lesetipp: Historisches Jahrbuch Petershagen 5 (2006), hrsg. von Wolfgang Battermann und Uwe Jacobsen, S. 157 – 176*

Die Seelenfelder Königsmühle aus dem Jahr 1731

▸ Lage: Die Königsmühle liegt im rund 9 Kilometer nordöstlich des Petershagener Stadtkerns – östlich der Weser – gelegenen Ortsteil Seelenfeld nahe der Siedlung »Auf dem Berge«.
▸ GPS: 52° 25' 54" Nord 9° 4' 21" Ost

»Auf dem Berge« in Seelenfeld, vierundsiebzig Meter über dem Meeresspiegel, thront eine schindelgedeckte Windmühle mit konischem Turm aus Bruchstein, um den Wind auf der höchsten Erhebung der Bauerschaft einzufangen. Es handelt sich um eine Holländer-Windmühle mit drehbarer, die Flügel tragender Kappe. Durch den angeschütteten Wall führt ein Durchgang zu einer schmalen Eingangstür, über der die steinerne Inschrift »FWR [Friedrich Wilhelm Rex] 1731« eingemeißelt ist. Auffällig sind die dicken Bruchsteinwände von 1,40 Metern Stärke und die engen, leicht zu versperrenden Eingänge und Öffnungen, die wie Schießscharten aussehen. Möglicherweise wurde diese Mühle von den Baumeistern des preußischen »Soldatenkönigs« als Stützpunkt für vorgeschobene Reiterspähtrupps der Festung Minden vorgesehen.

In jedem Fall ist die Seelenfelder Mühle die älteste unter den steinernen Königsmühlen im Fürstentum Minden. Ihre Kosten beliefen sich auf rund 1.200 Taler – eine verhältnismäßig hohe Summe verglichen mit der hölzernen Bockwindmühle von Windheim, die nur rund 746 Taler gekostet hatte. Sie gehörte unverkennbar zum Mühlenbauprogramm König Friedrich Wilhelms I., der in seinem Herrschaftsgebiet neue Mühlen nach holländischer Art bauen und verpachten ließ, wofür er eigens Mühlenbezirke einrichtete. Den Hintergrund für die königlich-preußische Bautätigkeit bildete die Einführung des Mahlzwangs im Jahr 1721: Diese neue gesetzliche Regelung verpflichtete die Einwohner eines Gebiets, ihr Getreide in einer bestimmten Mühle mahlen zu lassen. So wurde die Wirtschaftlichkeit der entsprechenden Mühle garantiert und dem Landesherrn als Eigner flossen erhebliche Steuereinkünfte zu.

Diese Maßnahme war allerdings bei der Bevölkerung sehr unbeliebt und führte im Fürstentum Minden sogar zu Bauernunruhen. Ursprünglich war es zwar königliches Regal und später landesherrliches Recht gewesen, Mühlen zu betreiben, doch hatten sich seit Anfang des 18. Jahrhunderts überall kleine Privatmühlen eingebürgert, die den Bedarf der Landbevölkerung kostengünstig deckten. Für Friedrich Wilhelm I. ging es um Geldmittel für die Aufstockung seines Heeres, wenn er an diesem krisensicheren Geschäft nun wieder mitverdienen wollte: Mehl, Grütze, Graupen, Futtermehl, Öl oder auch Lohe zum Gerben wurden schließlich ständig gebraucht.

Alle Personen zwischen zehn und sechzig Jahren wurden daher in Listen erfasst und »ihren« Mühlen zugewiesen. Gleichzeitig legte man das Mahlgut fest. Pro Person gingen die preußischen Beamten von zehn Scheffel Brotkorn und zwei Scheffel Schrot aus; den vierundzwanzigsten Teil davon veranschlagten sie als Mahlsteuer.